그리운 두 할머니 1

그리운 두 할머니 1

초판 1쇄 발행 2026년 2월 25일

지은이 고영기
펴낸이 장길수
펴낸곳 지식과감성#
출판등록 제2012-000081호

교정 주경민
디자인 김희영
편집 김희영
검수 한장희, 정윤솔
마케팅 김윤길

주소 서울시 금천구 벚꽃로298 대륭포스트타워6차 1212호
전화 070-4651-3730~4
팩스 070-4325-7006
이메일 ksbookup@naver.com
홈페이지 www.knsbookup.com

ISBN 979-11-392-3078-9(04810)
값 18,000원

그리운 두 할머니 1

일효(一孝) 고영기 박사

지식과감성#

할머니께 바치는 글

이 책을 쓰기까지
나는 오래 망설였다.
기억을 꺼내는 일은 언제나
감사보다 아쉬움을 먼저 데려오기 때문이다.
그러나 더 미루면
이 마음마저 흐려질 것 같아
나는 펜을 들었다.

내가 기억하는 할머니는
늘 말보다 손이 먼저였고,
당신 자신보다 늘 나를 먼저 살피던 분이었다.
부엌에서, 마루에서, 새벽과 밤의 경계에서
할머니의 하루는 늘 나보다 먼저 시작되어
나보다 늦게 끝났다.

어릴 적 나는
그 모든 것을 '당연한 풍경'으로 받아들였다.
그저 '원래 그런 것'이라 여겼고,

그 당연함 속에서
할머니의 하루가 조금씩 닳아가고 있었음을
끝내 알아채지 못했다.
이 책은
그 무심함에 대한 뒤늦은 고백이며
늦게 도착한 감사의 인사다.

세월이 흐르고
나 또한 누군가의 어른이 되어보니
할머니의 삶이
얼마나 많은 것을 참고 견뎌온 시간이었는지
비로소 보이기 시작했다.
사랑은
잘해주는 일이 아니라
불편한 자리를 스스로 선택하는 일이라는 것도
그제야 알았다.

이 책을 쓰며

나는 자주 멈추어 서야 했다.
문장보다 먼저 눈물이 고였고,
회상보다 먼저 후회가 밀려왔다.
조금만 더 곁에 앉아 있을걸,
조금만 더 손을 잡아드릴걸.
그 아쉬움이 이 책의 첫 문장이 되었고,
감사가 마지막 문장이 되었다.

이 수필집에 실린 글들은
특별한 사건을 기록한 이야기가 아니다.
오히려
너무 평범해서 기록되지 않았던
한 여인의 하루하루에 대한 기억이다.
그러나 그 평범함이 있었기에
오늘의 내가 가능했다.

이 책은
내 할머니 한 분의 이야기를 담고 있지만,
동시에 이 땅을 살아온

수많은 할머니들의 이름 없는 삶에 바치는
작은 헌사이기도 하다.

이 글을 읽는 독자 한 분 한 분이
자신의 기억 속 할머니를
잠시라도 떠올릴 수 있다면,
그분의 손길과 말투,
그분의 사랑 덕분에 오늘의 내가 있음을
조용히 깨달을 수 있다면,
이 책은 이미 제 몫을 다한 것이다.

효(孝)란
뒤늦은 후회가 아니라
잊지 않으려는 마음에서 시작된다고
나는 이제 믿는다.
이 책이 그 마음을 건네는
작은 증거가 되기를 바란다.

차례

제3장 세월이 가르쳐준 사랑

Ⅰ부 돌아보지 못한 사랑

Ⅱ부 기다림의 마음, 이어지는 사랑

Ⅲ부 시간의 거울, 사랑의 유산

Ⅳ부 삶이 남긴 마지막 가르침

제1장

두 할머니와 나의 길

I부

인연의 뿌리

1.

시간을 넘어선 따뜻한 인연

우리의 삶은 커다란 실타래와 같다. 그 속에는 수많은 실들이 얽히고, 풀리고, 서로의 결을 만나면서 저마다의 무늬를 만들어낸다. 좋은 인연은 삶의 방향을 바꾸는 나침반이 되기도 하고, 때론 고통의 매듭조차도 결국은 나를 완성하는 필연의 조각이 된다.

돌이켜 보면 지금의 내가 있는 모습은 그 모든 인연의 결과물이다. 이유를 알 수 없었던 고통도 모두 깊은 뜻이 있었음을 이제야 차츰 깨닫는다. 그중에서도 내 삶에 가장 따뜻한 흔적을 남긴 인연이 있다면, 단연 할머니 두 분이다.

내게 두 할머니는 단순한 혈연을 넘어 그 이상의 존재이다. 그분들은 바로 한 분은 증조할머니, 다른 한 분은 할머니다. 어릴 적 내 이름을 부르며, 환하게 웃으시던 그 미소는 세상의 고단함을 다 감싸안은 듯한 사랑이었다. 작은 손으로 밥상을 차리시고, 밤새도록 꿰매시던 바느질의 한 땀 한 땀은 오롯이 나를 위한 사랑이었다. 나는 그때는 몰랐다. 그저 할머니들의 당연한 일상으로만 생각했다. 그 손길이 얼마나 깊은 헌신이었는지, 나를 감싼 팔이 얼마나 귀한 울타리였는지.

세월이 흘러 내가 세상에 지칠 때면 이상하게도 그 두 할머니가 떠오른다. 당장 곁에 없어도, 마음속 한구석이 따스하게 데워진다. 어느 겨울, 바람이 몹시 차던 날에도 할머니와의 기억 하나로 하루를 버텼던 적이 있다. 그 사랑은 시간과 공간을 초월해서 여전히 내 마음속 깊이 머물러 있다.

지금은 두 분 모두 내 곁에 안 계시지만, 그 인연은 끝난 것이 아니라 오히려 내 안에 더 깊이 스며든다. 그분들이 가르쳐 주신 사랑과 지혜는 이제 내 삶을 비추는 등불이 되어 있다. 나는 그 빛을 따라, 조금은 더 깊은 사랑을 느끼며 따뜻한 사람으로 살아가고 싶다.

할머니들의 희생은 내게 앞으로 남은 인생의 과제가 된다. 이제 내가 누군가에게 그런 인연이 되어야 한다. 나의 존재가 누군가의 지친 삶에 따뜻한 숨결이 되고, 길 잃은 마음에 조용한 등불이 되기를 바란다. 그렇게 살아가는 것이, 내게 주어진 인연에 대한 조용한 감사이자 늦은 보답이다.

2.

세상에서 가장 오래된 그림

삶의 여정에는 예기치 않은 바람이 불어온다. 그럴 때면 나는 나도 모르게 눈을 감고, 어린 시절의 오솔길을 떠올린다. 그 길 끝에는 언제나 따뜻한 미소로 나를 맞아주시던 할머니가 서 계신다.

할머니의 존함은 이일효(李一孝).

그 이름은 내게 세상에서 가장 소중한 것이며, '효'라는 한 글자를 살아 숨 쉬게 만든 첫 가르침이었다. 당신의 품은 세상의 모든 풍파를 막아주는 가장 안전한 항구였다. 그 품 안에서 나는 인생의 복잡한 이치를 배우지 않아도, 사람이 사람으로 살아가는 데 가장 중요한 마음 하나—사랑과 감사를 자연스레 깨달았다.

내가 할머니와 함께한 추억과 기억들은 이제 한 폭의 그림처럼 내 삶의 여백을 채운다. 그 그림 속에는 거친 손을 꼭 잡고 동네를 다니던 우리의 모습이 담겨있다.

봄이면 벚꽃잎이 눈처럼 흩날리는 길에서 할머니는 덧없이 지는 꽃잎을 바라보며 말씀하셨다.

"꽃도 저리 피고 지는구나. 사람 사는 것도 그와 다르지 않지."

여름에는 푸른 숲의 향기 속에서 생명의 기운을 배웠고, 가을에는 단풍이 붉게 물드는 모습을 보며 인생의 깊이를 배웠다. 그리고 겨울, 모든 소리가 멎은 눈밭 위에서 우리는 그저 서로의 온기를 나누며 걸어 다녔다. 그 산책은 단순한 풍경 감상이 아니었다.

그 손을 통해 전해지던 온기 속에서 나는 자연의 순환처럼 변함없는 사랑의 이치를 배웠다. 할머니의 손은 늘 거칠고 주름져 있었다. 그 할머니의 주름은 오랜 세월의 흔적을 느낄 수 있었다.

이른 새벽, 나보다 먼저 일어나 밥을 짓고, 학교에서 돌아온 나를 위해 따뜻한 간식을 만들어 주시던 그 손…….

투박했지만 나에게 있어서는 세상 그 어떤 비단보다 부드러운 손이었다. 그 손길에는 말보다 더 많은 사랑이 담겨 있었다. 그 사랑은 한겨울의 따뜻한 담요처럼 나를 감싸주었고, 그 속에서 나는 비로소 '행복'이라는 단어의 진짜 의미를 배웠다.

세월이 흘러 할머니는 이제 내 곁에 계시지 않으시다.

그러나 그분의 손길과 가르침은 내 삶의 어느 순간에도 사라진 적이 없다. 힘들고 외로운 날이면, 나는 여전히 사랑이 담긴 그 손을 떠올리며 하루를 건넌다. 그분의 사랑은 단순한 추억이 아니라, 나를 사랑으로 지탱해 주는 보이지 않는 뿌리이자, 오늘을 살아가는 조용한 힘이 되어 있다.

가족의 사랑은 세상에서 가장 오래된 그림이다.

그 그림은 화려하지 않지만, 세월이 흘러도 빛이 바래지 않는다. 그 안에는 희생과 눈물, 그리고 오래된 온기가 깃들어 있다.

이제 나는 안다.

세상에서 가장 귀한 보물은 이름도, 값도 매길 수 없는 그 사랑이라는 것을……. '가족'이라는 이름으로 이어지는 무조건의 마음이다.

할머니께서 내게 남겨주신 그 사랑의 그림을 나는 오늘도 조심스레 마음속에 걸어둔다. 그 그림은, 내가 살아 있는 한 절대로 지워지지 않을 것이다.

3.

그리움이 남긴 사랑의 무게

어둠이 내려앉은 저녁 무렵, 아파트 벤치에 앉아 밤하늘을 올려다볼 때가 있다. 별들이 고요히 반짝이고 있는 하늘을 바라보면 어느새 내 마음도 깊어진다. 좋아하던 시구 한 구절이 떠오르고, 가끔은 품에 강아지를 안고 산책하는 이들의 모습이 눈에 들어온다. 어느 중년 아주머니, 혹은 젊은 여성이 껴안고 있는 작고 연약한 생명. 그 얼굴엔 다정한 사랑이 가득하다.

반려동물을 기르는 일은 생각보다 많은 정성과 인내가 동반된다. 매일 돌보고, 배설물을 치우고, 털 날림에 신경을 쓰고, 좋은 사료를 고르고, 아프면 밤새 병원으로 달려가야 한다. 외출도 조심스럽고, 이웃에게 피해를 주지 않도록 배려도 필요하다. 솔직히 말하면, 나처럼 둔하고 이기적인 사람에겐 그런 정성을 쏟는다는 것이 참 대단하게 느껴진다.

그 모습을 바라보다가 문득 생각이 들었다. 만약 그 정성을 부모님께 드린다면 어떨까. 그 작은 손길과 따뜻한 눈빛을 한 번이라도 부모님께 돌려드린다면 오늘날처럼 '부모 학대'나 '노인 방임' 같은 비극은 훨씬 줄어들지 않을까.

사람을 나무랄 때 "개만도 못한 사람"이라는 표현을 쓴다. 이 말이 무섭게도 정확한 까닭은, 개에게 아낌없이 주는 사랑과 정성을 정작 피를 나눈 부모에게는 외면해 버리는 우리 스스로의 부끄러운 고백이기 때문이다.

나 역시 돌이켜 보면, 증조할머니와 할머니께 그만큼의 정성과 사랑을 드리지 못했던 것 같다. 그분들의 희생과 헌신으로 오늘의 내가 있음에도, 그 사실을 너무 늦게 깨달았다. 그것이 마음속에 남은 크나큰 회한이다.

별빛이 깊어지는 밤, 벤치에 홀로 앉아 생각한다.

우리는 모두 누군가의 자식이고, 언젠가는 누군가의 부모가 된다. 지금 내가 부모님께 드리는 작은 진심은 결국 내 아이가 배워가는 삶의 지혜가 될 것이다.

오늘 밤, 강아지를 품에 안고 걸어가는 누군가처럼 우리도 부모님께 따뜻한 말 한마디, 진심 어린 눈빛 하나 건네 보면 어떨까……. 그 작은 실천 하나가 그리움으로 남아 있는 과거를 위로하고, 다가올 미래를 더 따뜻하게 만들어줄 것이다.

II부

어린 시절의 온기

4.

붕어빵과 우산

삶의 기억은 참 신비롭다는 생각을 한다.

수많은 해가 흐르고, 모든 것이 흐릿해졌어도 어떤 장면은 어제 일처럼 선명히 떠오른다.

나의 어린 시절, 1950년대 6.25 전쟁의 상흔이 채 가시지 않은 그 매서운 겨울의 시골 마을도 아직도 선명히 떠오른다. 살을 베는 듯한 칼바람, 늘 싸늘했던 흙벽집. 그 어스름한 풍경 속에, 할머니가 계셨다.

그날도 겨울이었다. 비가 흩뿌리던 날. 검푸른 구름이 낮게 깔린 하늘 아래, 학교 정문 앞 풍경은 온통 회색이었다. 아이들은 처마 밑으로 모여들었고, 그 틈 사이로 익숙한 그림자가 보였다.

무려 4킬로미터나 떨어진 집에서 기름종이 우산을 들고 할머니가 달려오고 계셨다. 등은 굽었고, 옷은 비에 젖었고, 숨소리가 거칠게 들렸다.

"우리 손주 젖겠다."

말씀을 마치시기도 전에, 할머니는 내 손을 꼭 잡아주셨다. 그 작고 마른 손에는 빗물이 고여 있었지만, 그 순간 내게 전해진 온기는 세상 무엇보다 따뜻했다. 나는 그 우산 아래서 세상의 모든 폭우를 피할 수 있을 것 같았다.

그 우산은 단순히 비를 막는 도구가 아니었다.
할머니의 사랑과 헌신으로 만들어진 가장 단단하고 아름다운 울타리였다.

집으로 돌아오는 길, 시장 어귀 붕어빵 가게 앞에서 나는 발을 멈췄다. 김이 모락모락 나는 붕어빵은 어린 마음에 유혹 그 자체였다. 할머니는 지갑 속에서 빛이 바랜 10환짜리 지폐 한 장을 조심스레 꺼내 붕어빵 하나를 사주셨다.

"반씩 나눠 먹자꾸나."

그렇게 말씀하셨지만 나는 할머니의 몫은 남기지 않은 채 붕어빵을 정신없이 먹었고, 할머니는 붕어빵엔 입도 대지 않으셨다. 그저 웃으며 내 얼굴만 바라보셨다.

그때는 몰랐다. 왜 할머니는 드시지 않았는지, 왜 그렇게 허겁지겁 달려오셨는지. 나는 할머니의 사랑을 당연히 여겼고, 그 희생의 깊이를 알지 못했다. 비에 젖은 그 옷자락, 차가운 손, 나를 향한 따뜻한 눈빛 속에 모든 것이 담겨 있었음을 너무 늦게 깨달았다.

세월은 흘러 나는 노인이 되었고, 할머니는 세상을 떠나신 지 어느덧 45년이 넘었다. 그러나 붕어빵만 보면 그날의 기억이 되살아난다. 우산 아래, 나를 감싸던 할머니의 체온.

지금도 후회한다.
왜 그 붕어빵 반쪽을 당신 손에 쥐여 드리지 못했을까.
왜 그 순간, 당신을 더 오래 바라보지 못했을까.

이제라도 나는 당신 손에 붕어빵 반쪽을 쥐여 드리고 싶다. 그리고 말하고 싶다.

"할머니, 늦었지만…… 죄송해요. 정말 사랑했어요."

그때 하지 못했던 수많은 말들이 이 글을 통해 당신께 닿기를 바란다.

할머니의 삶은 오래된 수필처럼 읽을수록 깊은 울림을 준다. 두 할머니가 흘린 피와 땀, 숭고한 희생 위에 오늘의 내가 있음을 잊지 않을 것이다.

이제 나의 삶이 당신께 드리는 작은 보답이 되기를, 그리고 이 글이 누군가의 마음속에 잊힌 '효'의 빛을 다시 밝혀주는 작은 등불이 되기를 바란다.

5.

밥 한 그릇의 기억

지나온 삶을 돌아보면, 스쳐간 풍경들 가운데 어떤 장면은 빛바랜 흑백사진처럼 가슴 깊이 남는다.

서울의 어느 골목, 무료로 밥을 나누어 주는 서울 청량리역 근처의 '밥퍼' 앞을 지날 때마다 오래전 기억이 파도처럼 밀려온다. 허기진 사람들에게 따뜻한 밥 한 그릇을 나누어 주는 그곳. 국 한 그릇과 몇 가지 반찬이 화려하지 않아도 사람을 살리는 온기였다. 그 모습을 바라보던 내 가슴 어딘가가 찔렸다. 그 순간, 나는 잊고 있던 장면 하나가 불현듯 떠올랐다.

1970년대, 나는 대학에 막 복학해 반지하 방에 살았다.

군 제대 뒤라 몸도 마음도 지쳐 있었고, 가난은 나를 조용히 옥죄었다. 새벽마다 좁은 부엌에서 연탄불을 지피던 할머니의 모습이 아직도 선하다. 낡은 솥에 찬물을 붓던 작은 뒷모습, 트고 갈라진 손등과 지친 눈빛. 그때는 몰랐다. 그 물이, 그 밥이, 그 손길이 얼마나 절절한 사랑이었는지.

시간이 지나고 나서야 나는 깨달았다. 할머니는 자신의 허기를 뒤로하고 장성한 손주를 먼저 챙기셨다는 것을.

혹독한 겨울밤이면 아랫목에 묻어둔 따끈한 보리밥을 꺼내, 소중히 아껴둔 달걀을 톡 깨고 참기름을 두른 뒤 김치와 함께 내 앞에 내놓으셨다. 굽은 등의 뒷모습, 주름진 손, 따뜻한 눈빛. 그 한 그릇의 보리밥이 어린 내 마음에 얼마나 큰 위로였는지 이제야 알 것 같다.

그러나 그때 나는 아무것도 하지 못했다. 시간이 흐른 뒤 할머니는 간암으로 세상을 떠나셨다. 영양 부족이 원인이었다는 말을 듣고 나는 숨이 막혔다. 내 앞에 놓아주신 수많은 밥그릇은 결국 당신의 생명을 조금씩 깎아낸 것이었다. 마지막 순간 앙상하게 마른 얼굴은 내 가슴에 지워지지 않는 회한으로 남았다.

돌이켜 보면, 그 밥 한 그릇은 단순한 끼니가 아니었다. 그것은 희생과 존엄, 그리고 사랑의 언어였다. 세상이 아무리 차갑고 막막해도 할머니는 늘 따뜻한 밥 한 그릇으로 삶을 버티셨다. 그 무언의 사랑은 내게 살아갈 힘이 되었고, 오늘의 나를 만든 뿌리였다.

할머니의 사랑은 단지 그분만의 것이 아니었다. 먼 옛날부터 수많은 조상들이 흘린 땀과 눈물이 모여 오늘의 나를 있게 했다. 증조할머니 역시 자신의 허기를 참아가며 자식과 손주에게 밥을 나누어 주셨다고 들었다. 그분들의 희생이 쌓여 내가 오늘을 살고 있는 것이다.

나는 때때로 '밥퍼' 앞에 서서 생각한다. 누군가에게 따뜻한 밥 한 그릇이 되고 싶다는 생각을. 할머니가 내게 그랬던 것처럼, 내 삶도 누군가의 허기를 달래는 온기가 되기를 바란다. 밥은 단순히 먹는 일이 아니라, 삶을 지탱하는 사랑의 증거다.

나는 그 사랑을 기억하며 오늘도 누군가에게 따뜻한 마음을 전하고 싶다. 겨울 뒤에 봄이 오듯, 인생의 길에도 언젠가 희망의 봄은 찾아올 것이다.

그리고 다짐한다.

그분들의 몫까지 더 의미 있게 살아갈 것을.

밥 한 그릇에 담긴 사랑과 희생을 잊지 않고, 내 삶으로 아름답게 살아갈 것이다.

6.

할머니의 거짓말

어린 시절, 나는 할머니가 언제나 진실만을 말씀하신다고 믿었다. 그러나 그 믿음이 얼마나 순진했는지, 이제야 비로소 깨닫게 되었다.

밥상에 마주 앉으면 할머니는 늘 말씀하셨다. “할미는 벌써 먹었으니, 너나 많이 먹어라.” 나는 고개를 끄덕이며 밥을 먹었지만, 그러나 지금은 안다. 할머니는 사실 숟가락질도 하지 못하신 채, 내 입만 바라보셨다.

그것이 첫 번째 거짓말이었다.

겨울날, 처마 밑에 걸린 생선을 꺼내 반쪽만 구워주시며, “할미는 생선 안 좋아한다.” 하셨다. 그 웃음 속에 섞여 있던 눈물의 의미를, 나는 그때 알지 못했다.

그것이 두 번째 거짓말이었다.

긴 하루 밭일을 하시고 돌아와서도 밤늦도록 등잔불 아래서 바느질을 멈추지 않으시며, "난 괜찮다." 하시던 말씀. 굽은 등을 보고서야 알았다.

그것이 세 번째 거짓말이었다.

명절이 다가오면, "이번에는 내려오지 마라. 바쁜데 뭘 오냐." 하셨지만, 대청마루에 앉아 손주들을 기다리셨다.

그것이 네 번째 거짓말이었다.

용돈을 드리면, "뭘 이런 걸 주니?" 하시던 손길로 이튿날 내 먹거리를 사 들고 오셨다.

그것이 다섯 번째 거짓말이었다.

라디오조차 없는 캄캄한 방 안에서 달빛을 벗 삼으며, "잘 지낸다. 외롭지 않다." 말씀하셨던 긴 밤.

그것이 여섯 번째 거짓말이었다.

마지막 순간, 고통 속에서도 "난 괜찮다." 하시던 그 말씀.

그것이 일곱 번째이자 마지막 거짓말이었다.

돌아보니, 그 모든 거짓은 사실 거짓이 아니었다.

손주를 걱정시키지 않으려는 마음,
내 어깨를 무겁게 하지 않으려는 할머니의 배려였다.
그것은 진실보다 더 깊은 사랑의 언어였다.
나는 그 사랑을 너무 늦게 알았다.

계란찜을 좋아하시던 할머니의 모습.
무릎을 베개 삼아 머리를 쓰다듬어 주시던 손길.
그 모든 장면이 가슴 한가운데 남아 있다.

할머니의 거짓말은 숨김이 아니라 희생이 담긴 언어였다. 그 속에서 나는 보호받고, 자라고, 사랑을 배웠다. 이제 남은 생동안, 내 몸과 마음으로 그 사랑을 이어가고 싶다.

이 글을 읽는 이들도, 누군가의 작은 거짓 속에 숨어 있는 진심과 희생을 기억하길 바란다.

7.

따뜻한 손, 햇살의 기억

나의 삶에서 기억은 때로 그림자처럼, 때로 빛처럼 마음속에 머물러 있다. 어린 시절 내 곁을 가장 자주, 가장 따뜻하게 감싸주던 손이 있었다. 주름지고 거칠며 굳은살이 박인 손, 그러나 내 볼을 쓰다듬을 때면 세상이 나를 사랑한다고 믿게 하던 손. 그것은 바로 할머니의 손이다.

찬 겨울날, 내 손을 꼭 잡고 "춥지 않냐?" 물으시던 그 온기. 밥그릇을 슬며시 내 쪽으로 돌려주시던 세심한 배려. 할머니는 늘 나를 먼저 돌보며 세상의 어떤 불보다 따뜻한 사랑을 건네주셨다.

그러나 어느 날 작은 방 안에서 더 이상 움직이지 않던 차가운 손을 붙잡으며, 나는 영원할 줄 알았던 사랑에도 끝이 있음을 알게 되었다. 그 상실과 후회는 내 가슴 깊이 지워지지 않는 상처로 남았다.

햇살 가득한 창가에 앉아 있으면 또 다른 기억이 떠오른다. 굽은 마디와 도드라진 핏줄, 햇볕에 그을린 손등. 어릴 적에는 그저 늙은 손이라 여겼지만, 이제는 너무도 잘 알 것 같다. 그 손등이야말로 내게 밥을 떠먹이고, 밤마다 이불을 덮어주고, 아플 때마다 이마를 짚어주던 사랑의 총체였다는 것을.

"할머니, 손이 왜 이렇게 거칠어요?"

어릴 적 묻던 나에게, 할머니는 웃으며 말씀하셨다.

"장작도 패고, 물도 긷고, 네 얼굴 만졌더니 그래. 근데 네 얼굴에 닿으면 이 손이 제일 부드럽지."

그 말은 지금 생각해 보면, 내 생애에서 들은 가장 따뜻한 언어였다.

가끔 꿈속에서 그 손을 느낀다. 어른이 된 내가 거칠어진 손으로 당신의 손을 감싸면, 할머니는 조용히 따뜻함을 전하신다.

"이젠 네가 따뜻한 손이 되어야지."

그 속삭임이 오늘의 나를 이끌고, 햇살 아래서 나는 다시 그 손등을 떠올린다.

여기까지가 내 할머니의 이야기라면, 마음속에는 늘 증조할머니의 그림자도 함께한다. 허름한 마당 한편에서 들리던 "강아지야, 배고프냐?"라는 낮은 목소리. 나는 그저 익숙한 일상의 배경으로만 여겼지만, 세월이 흐른 뒤 알았다. 그 짧은 한마디 속에도 사랑과 염려가 가득 담겨 있었다는 것을.

그분은 한평생 가난과 병약함을 묵묵히 견디며 자식과 손주에게 먹을 것, 입을 것을 남겨주셨다. 어린 시절 내 눈에는 그저 늙고 힘없는 분처럼 보였지만, 사실은 우리 모두를 지탱해주던 뿌리였다.

생각해 보면, 두 분의 손길은 서로 달랐지만 한 가지로 이어져 있었다. 한 분은 주름진 손바닥으로 나를 안아주셨고, 다른 한 분은 굽은 손등으로 내 삶을 받쳐주신 것이다. 그 희생과 사랑이 모여 지금의 내가 있게 된 것이다.

나는 그 은혜에 보답하듯 매일의 삶을 조금 더 따뜻하게 살고 싶다. 햇살은 매일 같은 자리에 들지 않는다. 그러나 그 햇살 속에서 나는 늘 손등을 떠올리고, 볼을 쓰다듬던 손길을 기억한다. 그 기억은 단순한 회상이 아니라, 오늘을 살아가는 힘이자 내일을 지탱하는 뿌리다.

살아생전 단 한 번도 손등에 입 맞추지 못한 회한은 여전히 아프지만, 이제는 다짐한다. 그 손의 사랑이 지금의 나를 만들었으니, 이제는 내가 누군가를 따뜻하게 안아주는 손이 되겠다고. 그리하여 이 조용한 깨달음이 다른 이의 마음에도 스며들어, 그들의 삶 속에서도 햇살 속 손등의 사랑을 다시 떠올리게 되기를 바란다.

8.

바람의 이름, 할머니

삶의 시간은 가끔 향기도 없이 홀연히 스쳐가는 바람과도 같다. 눈에 보이지도, 손에 잡히지도 않지만 어딘가 지난날의 기억 속에 희미한 흔적을 남기고 간다.

나의 그리운 할머니를 떠올릴 때면 가슴 한가운데 잔잔한 바람이 불어온다. 그 바람은 놀랍도록 따뜻해서 눈물이 날 만큼 포근한 바람이다. 당신의 존재는 향기 없이 지나갔지만 영혼 깊숙이 스며들어 영원히 지워지지 않을 온기를 남겼다.

할머니는 늘 조용히 일하셨다. 이른 새벽부터 늦은 밤까지, 당신의 하루는 침묵의 수고와 헌신으로 이어졌다. 내가 투정부리고 성을 낼 때에도 당신은 긴 말 대신 나의 등을 가만히 토닥이셨다.

“빈 독이 소리가 크다.”

그 말의 뜻을 그땐 몰랐다. 그저 할머니의 내가 알 수 없는 옛말쯤으로 넘겼다.

하지만 이제야 안다. 삶의 무게가 공허하게 느껴질 때, 나는 그 말을 되뇐다. 마치 빈 독처럼, 비울수록 더 크게 사랑하고 더 깊이 품을 수 있는 사람. 욕심도 원망도 없이 그저 사랑으로 흘러간 이름.

할머니……!

당신의 삶이 바로 그 ‘빈 독’이었음을 이제야 알겠다.

젊은 날, 나는 할머니의 무언의 사랑을 너무도 당연하게 여겼다. 주름진 손에 담긴 희생과 헌신의 깊이를, 그 따스한 눈빛에 담긴 사랑의 넓이를 나는 느끼지 못했다.

오직 나의 꿈과 욕망에만 몰두하며 가장 가까운 뿌리의 귀함을 외면했다. 그 어리석음은 이제 뼈저린 회한이 되어 가슴을 치고, 늦은 깨달음은 그리움과 감사로 남아 오늘을 살아가게 한다.

이제 난 알 것 같다.

'효'란 거창한 일이 아니라, 그분이 내게 보내주었던 작은 숨결 하나하나를 잊지 않는 것이라는 것을……. 그리고 그 사랑을 또 다른 누군가에게 다시 전하는 것임을.

할머니의 바람 같은 삶은 지금도 내 안에 깊이 남아, 오늘 누군가의 등을 조용히 토닥이게 한다. 내 손이 당신의 손처럼 따뜻하길 소망한다.

할머니의 삶은 오래된 수필처럼 읽을수록 더 깊은 울림을 준다. 피와 땀과 고귀한 희생으로 쌓아 올린 당신의 생이 있었기에 지금의 내가 있다. 나의 인생이 그 사랑에 대한 작은 보답이 되기를. 당신이 가르쳐주신 사랑과 지혜로 누군가의 인연이 되어 따뜻한 세상을 남기고 싶다.

이 작은 깨달음이 누군가의 하루를 데우고, 세월 속에서 잊힌 '효'를 다시 부드럽게 일깨우는 숨결이 되기를 바란다.

Ⅲ부 세월의 온기

9.

그 겨울, 이불 한 채

어릴 적 우리 집 겨울은 이불 한 채로 시작되고 이불 한 채로 끝났다.

지리산 자락의 매서운 바람이 문틈을 비집고 들어오던 새벽, 할머니는 아궁이에 군불을 피우고 낡은 솜이불을 조심스레 펴셨다. 군데군데 실밥이 터지고 덧댄 천 조각이 눈처럼 얽혀 있었지만, 어린 나에게 그 이불은 성처럼 든든했고 할머니의 품처럼 따뜻했다.

"이불 속에 먼저 겨울을 넣어뒀다. 너무 춥다고 생각 말거라."

그 말은 그저 따뜻해서 좋은 줄만 알았던 내게, 몸보다 마음을 먼저 데워야 한다는 것을 가르쳐주었다. 나는 그 이불 안에서 겨울을 견디는 법을 배웠다.

스무 살, 집을 떠나 서울에서 바쁜 삶을 살아가며 할머니의 전화를 받지 않는 날이 많아졌다. 어느 겨울, 고향에서 도착한 낡은 이불을 보며 투덜댔고, 옷장 구석에 밀어두고 잊었다.

하지만 몇 달 후, 병실에서 위독한 할머니의 손등에 새겨진 거친 바느질 자국들을 보며 나는 깨달았다. 그 바느질은 단순한 천을 꿰맨 것이 아니라, 멀리 있는 나를 향한 사랑을 꿰맨 것이었다.

할머니가 마지막으로 남긴 말은,
"그 이불… 네가 추울까 봐…."였다.
낡은 이불 한 귀퉁이에 조그맣게 수놓아진 내 이름을 발견했을 때, 나는 처음으로 그 이불을 덮고 울었다.

이제 나도 손주를 둔 나이가 되었다. 겨울이면 나는 이불을 펴고 아이에게 덮어주며 묻는다.

"춥지 않니? 잘 자야지."

내가 예전에 들었던 바로 그 말, 이제는 내가 누군가에게 전하고 있는 것이다. 내 이불도 언젠가 낡고 해지겠지만, 나는 바느질을 다시 하며 다짐한다. 이 사랑은 한 세대에서 다음 세대로 이어져야 한다고. 이제는 내가 덮어주어야 할 차례이며, 그것이 내가 받은 사랑에 대한 유일한 보답임을 나는 잘 안다.

한때는 이불 한 채에 덮여 보호받던 내가, 이제는 누군가의 추위를 감싸 주는 사람이 되었다. 나는 오늘도 조용히 포근한 이불이 된다.

10.

빨래통의 무게

머리 위에 빨래통을 이고 걷던 할머니가 있었다.

새벽 물안개를 가르며 강가로 향하던 그분의 뒷모습은 늘 고요했고, 또 단단했다.

강물 위로 비치는 햇살 속에서 그분의 삶은 비비고 헹군 세월 그 자체였다. 해가 뜨기 전에 빨래를 마쳐야 했기에 할머니의 하루는 누구보다 일찍 시작되었다. 차가운 물에 손을 담그고, 묵은 빨랫감을 비비고 또 비비는 그 모습은 일이라기보다 기도였고, 사랑이라기보다 숙명처럼 느껴졌다.

그러나 어린 시절 나는 몰랐다. 삶이란 마를 틈 없는 반복이며, 마른 것마저 다시 젖게 하는 일의 연속이라는 것을. 할머니는 내게 사랑을 가르쳐주시지 않았다. 다만 보여주신 것이다.

옷깃에 밴 비누 냄새, 이불 속에 스며 있던 온기, 그리고 마당을 오가며 들리던 발자국 소리. 그 모든 것이 내 안에 남아, 이제는 내가 누군가에게 건네는 사랑의 방식이 되었다.

"이 물 마르기 전엔 다 끝내야지."

할머니가 늘 그렇게 말씀하셨다. 그땐 단지 시간에 쫓기는 말이라 여겼다. 하지만 이제야 안다. 그 말씀 속엔 사랑은 미루지 않는 것이라는 삶의 지혜가 있었다는 것을.

나는 할머니의 이름도 모른 채 자랐다. 언제나 "할머니—"라 부르기만 했고, 그분은 늘 "영기야—"라 부르며 웃으셨다. 오래된 지갑 속 주민등록증에서 '이일효'라는 이름을 처음 보았을 때, 나는 그 이름을 단 한 번도 불러드리지 못했다는 부끄러움에 가슴이 저려왔다.

이름은 단지 부르는 소리가 아니라, 그 사람의 삶이 깃든 언어였다. 나는 그 이름을 불러주지 못한 채, 사랑의 한 조각을 잃고 살았다.

성인이 된 후, 할머니가 돌아가시기 전 내게 걸었던 전화를 무심히 지나쳤다. ‘내일 전화드리지 뭐.’ 하고 미뤘던 그 한 통이 마지막이 될 줄은 몰랐다.

할머니가 돌아가신 방 앞에서, 나는 그 미소 뒤에 숨어 있던 외로움을 처음 보았다. 나를 위해 남겨 두셨던 작은 팔찌와 편지가 그 사실을 말해 주고 있었다.

“혹시 너 바쁘면 전화는 안 해도 된다. 얼굴만 보면 된다.”

그 한 줄을 읽는 순간, 내 숨이 멎는 듯했다.

할머니가 떠난 뒤, “영기야—” 하고 부르던 그 목소리가 사라지고 세상은 한결 조용해졌다.

그러나 사랑은 남았다. 사람은 떠나도 사랑은 남는다. 그 사랑은 된장 냄새로, 겨울 장판 밑의 군불 향기로, 빨래터의 물소리로 남는다.

나는 이제 안다.

그 무게가 단지 빨래통의 무게가 아니었음을.

그건 가족의 무게, 삶의 무게, 그리고 사랑의 무게였다.

기다림은 그런 것이다. 누가 올 거라 믿는 게 아니라, 그저 그 자리에 남아 있는 것.

돌담 아래 벤치에 앉아 예전에 할머니가 해주셨던 달걀장조림을 먹으며 나는 그 기다림의 마음을 배운다.

"할머니—"

혼잣말처럼 부를수록 내 마음이 조금 더 늙어가는 것 같다. 그러나 괜찮다. 그 목소리가 내 안에 살아 있는 한, 나의 사랑은 아직 마르지 않았다.

11.

된장국이 끓는 아침

새벽부터 비가 그치지 않고 지붕을 두드리고 있었다. 그 소리는 잠든 집의 숨결처럼 잔잔했지만, 내 마음만은 끝내 평온해지지 않았다. 현관 앞에서 가방을 든 채 한참을 서 있었다. 신발끈을 졸라매고도, 발걸음이 떨어지지 않았다.

전날 회사에서의 실수는 밤새 나의 머리를 떠나지 않았다. 잘못 올린 자료 한 건이 팀 전체를 곤경에 빠뜨렸고, 상사의 호통은 아직도 귀에 선명했다. 동료들의 싸늘한 눈빛이 아직도 따라붙는 것 같았다.

집에서도 안식은 없었다. 아내와의 작은 말다툼은 싸움으로 번졌고, 아들은 약속을 어기고 늦게 귀가했다. 결국 집 안의 공기마저 싸늘했다. 나는 손잡이를 잡고 한숨을 길게 내쉬었다.

그때—

주방에서 보글보글 소리가 났다. 국물이 끓는 소리였다.

곧이어 코끝을 스치는 냄새. 된장의 구수한 향, 멸치와 다시마가 우러난 깊은 국물, 송송 썬 파의 알싸한 향이 뒤섞여 집 안을 천천히 덮었다. 비 오는 아침의 축축한 공기와 맞물리자, 그 향기는 더 간절하게 다가왔다.

"먹고 가야지."

주방에서 들려온 목소리는 잔잔했으나 단호했다.

나는 고개를 돌렸다.

낡은 앞치마, 주름진 손, 국을 젓는 작은 체구—

어머니였다.

나는 천천히 식탁으로 다가갔다.

식탁 위엔 갓 지은 하얀 쌀밥, 김이 모락모락 오르는 된장국, 고추장과 단출한 채소 몇 가지가 놓여 있었다. 화려하지 않았지만, 눈물 날 만큼 그리운 차림이었다.

나는 숟가락을 들다 말고 중얼거렸다.

"왜 맨날 된장국이에요? 가끔은 다른 것도 먹고 싶잖아요."

투정 섞인 말이었다. 어린 시절, 수없이 내뱉었던 그 불평. 어머니는 예전처럼 웃으며 대답했다.

"된장국 한 그릇이면 돼. 속을 데우는 데는 이만한 게 없거든. 사는 게 다 그런 거야."

그 말은 단순한 밥상머리 잔소리가 아니었다. 마음을 다스리고, 하루를 견디는 삶의 철학이었다. 나는 국을 한 숟가락 떠서 입에 넣었다. 짭조름한 구수함이 혀끝을 감싸고 목을 타고 내려갔다.

순간 눈시울이 뜨거워졌다.
그 한 숟가락이 얼어붙은 마음을 천천히 녹이는 듯했다.

"옛날에도 일이 틀어졌을 때… 이 국 먹고 갔었죠."

어머니는 조용히 고개를 끄덕였다.

"그래. 그래도 마음은 무너지면 안 돼. 사람은 결국, 밥으로 사는 거야."

그 목소리는 국물에 스며들듯, 따뜻하고 단단했다.

그날 아침, 나는 다시 회사로 향했다. 비는 여전히 내리고 있었다. 책상 위엔 인사이동 공지가 놓여 있었다. 다행히 나의 이름은 없었다. 긴장은 여전했지만, 어제와는 달랐다. 속이 채워져 있다는 단단한 감각. 된장국이 준 건 단순한 포만감이 아니었다. 된장국 속에 스며 있던 어머니의 말, 오래된 철학이 자신을 붙잡아 주고 있었다.

"삶은 전쟁이 아니야. 그저 내 영혼 편에 서는 일이야."

그 말은 마치, 된장국 속에 녹아 있던 어머니의 오래된 가르침 같았다.

며칠 뒤, 비가 그친 주말. 집 안 공기는 여전히 무거웠다. 아들은 숙제를 미루고 휴대폰만 들여다보고 있었다. 내가 나무라려던 순간, 어머니가 아들에게 작은 노트를 내밀었다.

"이건 네 아빠가 어릴 때 쓴 시란다."

아들은 눈을 반짝이며 노트를 펼쳤다. 낡은 종이 위, 삐뚤빼뚤한 글씨.

나는 된장국을 먹고 마음을 데웠다.
세상은 매섭지만 어머니의 국물은 언제나 나를 살게 했다.

아들은 잠시 말이 없더니 조심스레 물었다.

"할머니, 효가 뭐예요?"

어머니는 미소 지으며 말했다.

"국물이지. 따뜻한 국물. 그게 효란다."

그 순간, 나의 가슴이 뜨겁게 벅차올랐다. 된장국은 단순한 음식이 아니었다. 그것은 세대를 잇는 다리였고, 무너질 듯한 삶을 붙드는 울타리였으며, 결국 사람을 살게 하는 사랑의 또 다른 이름이었다.

나는 속으로 다짐했다.

'언젠가 아들도 알게 되리라. 비 오는 아침, 된장국 냄새가 어떻게 사람의 마음을 일으켜 세우는지를. 그 따뜻한 국물이야말로, 세상에서 가장 오래된 위로라는 것을.'

12.

사랑이 된 밥상

삶의 굽이굽이마다 나는 수많은 풍파를 건너왔다. 암과 여러 질병을 겪으면서도 지금껏 건강을 지켜올 수 있었던 건, 어릴 적 할머니께서 정성껏 차려주신 음식 덕분이라 믿는다.

1950년대, 가난하고도 어려운 시절. 할머니는 직접 농사지은 쌀과 콩, 채소로 하루 세 끼를 손수 마련하셨다. 할머니는 된장과 고추장도 정성껏 담가내셨고, 손끝에서 만들어지는 반찬 하나하나는 재료도 화려하진 않았지만 세상의 어느 진수성찬보다 귀했다. 양념은 눈대중, 조리는 손대중. 그러나 그 음식엔 할머니의 따뜻한 숨결과 사랑이 고스란히 담겨 있었다.

가마솥에 밥이 눌어붙던 냄새, 부엌의 따뜻한 연기, 그리고 "많이 먹어라." 하시던 목소리까지. 나는 그때 그 음식을 통해 사랑을 먹고, 지혜를 먹고, 생명을 먹고 있었다. 지금까지 세계

여러 나라의 음식을 맛보아도, 할머니의 된장국 한 그릇만큼 내 마음을 적시는 음식은 없다. 그 음식은 단순히 배를 채우는 것이 아니라, 내 삶의 방향을 잡아준 가장 깊은 뿌리였다.

할머니의 음식에는 '베풀고, 나누고, 함께 살아가라'는 침묵의 가르침이 담겨 있었다. 그래서 나는 음식이 단순한 영양보다도 마음을 담는 일이라 생각한다. 누군가를 위해 정성을 쏟아 음식을 만들고, 그 음식을 함께 나누는 일이야말로 가장 인간적인 사랑의 표현이 아닐까 생각한다.

요즘은 바쁘다는 이유로 가공식품에 의존하고, 화학 첨가물로 가득한 음식이 식탁을 차지한다. 그러나 그럴수록 더 정성스럽고 따뜻한 한 끼가 그리워진다. 어린 시절, 할머니가 건네주시던 국 한 숟갈처럼.

식욕은 생존을 위한 본능이지만, 그 본능을 감사와 절제로 다스릴 때 삶은 훨씬 맑고 고요해진다. 좋은 음식을 먹는 것보다, 좋은 마음으로 음식을 먹는 것이 우리 몸과 마음에 더 깊은 보약이 된다.

할머니의 된장국에는 말없이 건네는 사랑, 묵묵히 지켜낸 지혜, 그리고 오늘의 나를 키운 깊은 뿌리가 들어 있었다.

나는 이제, 두 할머니의 음식을 마음 깊이 새기며 살아가려 한다. 그리고 그 따뜻한 한 끼처럼 누군가의 삶에 작은 위로가 되는 사람이 되고 싶다. 그 사랑이 밥이 되어 나를 살렸듯, 나 또한 누군가의 마음을 살리는 밥상이 되고 싶다.

Ⅳ부

삶의 고백

13.

벽 쪽에서 시작된 사랑

어릴 적 우리 시골집은 증조할머니 방, 할아버지 방, 할머니와 내가 자는 방이 있었다. 밤이 되면 이불을 펴고 할머니와 나는 나란히 누웠다. 나는 언제나 문 가까운 따뜻한 자리를 차지했고, 할머니는 늘 벽 쪽 구석에 몸을 둥글게 말고 누우셨다. 그때 나는 그것이 당연한 일이라 여겼다.

'할머니는 원래 거기에서 주무시는구나.'

그 생각 속엔 아무 의문도, 아무 미안함도 없었다.

세월이 흘러서야 깨달았다.

그 벽 쪽 자리가 얼마나 차고 거친 자리였는지를.

숨소리마저 줄이며 몸을 작게 접던 그 밤의 자세 속에, 말없는 사랑이 고요히 접혀 있었다는 것을.

사랑은 좋은 자리를 내어주는 일이 아니라, 스스로 불편한 자리를 기꺼이 감당하는 용기였다. 그때의 할머니는 아무 말씀 없었지만, 그 침묵은 세상에서 가장 따뜻한 언어였다.

중년이 되었을 때, 침대는 넓고 포근했지만 나는 자주 몸을 웅크린 채 등을 벽 쪽으로 돌리고 잠들곤 했다. 그 모습을 보다 못한 아내가 어느 날 조심스럽게 물었다.

"왜 그렇게 불편하게 자요?"

나는 대답하지 못했다. 그건 내 몸이 기억하는 사랑의 자세이기 때문이었다. 할머니의 숨결이 아직 내 등허리 어딘가에 남아 있는 듯했다.

돌아보면, 할머니의 삶은 언제나 그 '벽 쪽'에 있었다. 빨래를 할 때도, 밥을 지을 때도, 당신의 자리는 마지막이었다. 새벽마다 먼저 깨어 불을 지피고, 모두가 잠든 밤늦게서야 등을 벽에 붙이고 누우시던 모습. 그 풍경은 어린 나에겐 일상처럼 보였지만, 이제 생각해 보면 그것은 '견디는 사랑'이었다. 당신의 희생으로 우리가 따뜻하게 잠들 수 있었음을 그때는 몰랐다.

노년이 된 지금, 나는 손자와 같은 방을 쓴다. 넉넉한 이불 아래에서도, 나는 여전히 습관처럼 구석을 찾는다. 손자가 내 품에 파고들며 묻는다.

"할아버지, 왜 꼭 구석에서 주무세요?"

나는 말없이 웃으며 등을 돌린다. 그 순간 깨닫는다.

사랑은 정면을 바라보는 일이 아니라, 등을 내어주는 일이라는 것을. 뒷모습에 마음을 맡기고, 그 등 너머로 믿음을 건네는 일이라는 것을.

좁은 방, 벽 쪽 자리. 그곳은 세상에서 가장 작은 공간이었지만, 내 인생에서 가장 넓은 사랑의 자리였다.

이제는 내가 그 벽 쪽에 누워, 누군가의 온기를 지켜줄 차례다.

14.

늦게 피어난 봄의 고백

세월은 강물처럼 흘러 어느새 일흔 중반을 훌쩍 넘어섰다.
길게 돌아온 삶 속에서 많은 인연과 이별을 겪었지만,
내 마음 가장 깊은 곳에 남아 있는 얼굴은 단 하나—
증조할머니의 얼굴이다.

마당 한편에서 들리던 낮은 목소리.

"강아지야, 배고프냐?"

어릴 적엔 그저 일상의 배경처럼 스쳐 지나갔던 말이었으나, 이제는 기도처럼 내 마음을 감싼다. 그 속에 담긴 사랑과 염려를 미처 헤아리지 못한 지난날의 어리석음이 아프게 밀려든다.

그때 나는 증조할머니를 그저 늙은 분으로만 여겼다.

느릿한 걸음, 주름진 손, 말없는 미소조차 당연하게 생각했다. 그러나 이제야 안다. 무릎에 앉혀주던 투박한 손길, 된장독을 덮던 굽은 허리, 묵묵히 흘리신 땀이 모두 한없는 사랑이었다는 것을. 그 침묵의 삶은 오래된 시 한 편처럼 지금도 내 가슴을 울린다.

젊은 날의 나는 그러나 너무 바빴다. 아니, 바쁘다는 핑계로 길을 잃고 있었다. 돈과 명예를 좇으며 앞만 보고 달렸지만, 그 끝에서 무엇을 얻었는지 답하지 못했다. 소크라테스의 말처럼, "사는 것이 중요한 것이 아니라, 바르게 사는 것이 중요하다."라는 진리를 너무 늦게 깨달았다.

철학은 죽음을 준비하는 학문이라 했지만, 나에게는 오히려 삶을 되새기고 조용히 성찰하게 하는 거울이 되었다. 뒤늦게 시작한 철학 공부 속에서, 나는 나의 뿌리인 증조할머니와 할머니의 숭고한 희생을 비로소 떠올렸다. 그분들의 고단한 삶이 있었기에 내가 오늘 이 자리에서 사색을 나눌 수 있음을 부정할 수 없다.

설날 아침, 조용히 시 한 편을 써내려가던 순간도 있었다.
「오늘, 나는 다시 핍니다」라는 제목이었다.

새벽의 찬 기운이
내 어깨를 스치고 지나가면
할머니의 주름 사이로 스며있던
따뜻한 된장 냄새가 문득 피어난다.

과거의 방황과 회한이 문장마다 스며들었다.

코끝을 스치는 된장 냄새는 돌아가신 증조할머니의 손길을 떠올리게 했다. 마루 끝에 앉아 내 이름을 부르며 웃으시던 모습, 아무 말 없이 안아주시던 주름진 손등의 기억이 문득 살아났다. 나는 그 단단한 사랑과 숭고한 희생 위에서 자랐음을, 늦게나마 깊이 깨닫게 되었다.

이제 일흔 중반이 훌쩍 넘은 지금, 사람들은 말한다.

"이제는 좀 쉬셔야죠."

그러나 나는 오히려 지금이 내 인생의 가장 선명한 봄이라 느낀다. 늦게 찾아온 봄일지라도, 그 향은 더욱 짙다.

과거의 방황 속에서 오늘 하루의 귀함을 알게 되었고, 오늘의 깨달음 속에서 내일의 길을 찾았다. 봄은 계절이 아니라 마음의 결심이다. 언제든 다시 피어날 수 있다. 조상들이 그러했

듯, 나 역시 후대에게 어떤 지혜와 가치를 남길지를 생각한다.

내 안에 스며든 증조할머니의 손길, 할머니의 희생, 그리고 철학이 가르쳐 준 성찰이 합쳐져 오늘의 나를 만들었다. 나는 다짐한다. 늦었지만 이제라도 효와 감사의 길을 살며, 내 삶이 누군가에게 따뜻한 손길이 되기를.

언젠가 당신들 곁으로 가는 날, 무릎을 꿇고 말하고 싶다.

“기억나세요? 된장 냄새 따라 마루 끝까지 뛰어가던 손자예요.”

그때가 오면, 이번에는 내가 먼저 당신들의 손을 꼭 잡고 조용히 속삭일 것이다.

“고맙습니다. 사랑합니다.”

15.

침묵 속의 헌신

키에르케고르는 "절망은 죽음에 이르는 병"이라 했고, 칸트는 "희망하고 사랑하며 봉사할 때 참된 행복을 맛본다."라고 말했다. 젊은 날의 나는 그 말들을 메마른 이론으로만 이해했다. 하지만 세월이 흘러 할머니의 생을 되돌아보며, 그 철학이 얼마나 '생활의 진리'였는지를 깨닫게 되었다.

할머니의 인생은 언제나 절망과 마주한 여정이었다.

전쟁과 가난, 자손의 병환, 가족의 굶주림. 그럼에도 당신은 단 한 번도 절망을 입에 담지 않으셨다. 그 침묵은 체념이 아니라, 희망을 껴안은 헌신이었다. 하루 세 끼 밥을 챙기고, 이불을 덮어주고, 불편한 몸을 이끌고도 새벽마다 장독대 앞에 서시던 당신의 모습— 그것이야말로 '희망의 형상'이었다.

그때는 몰랐다. 당신의 미소 뒤에 얼마나 깊은 고단함이 숨어 있었는지. 이제야 안다. 당신이 말하지 않았던 희망이 곧 나였다는 것을. 그 작은 손으로 미래를 짓고 계셨던 분이 바로 당신이었음을.

나는 종종 묻는다.

'좋은 삶이란 무엇일까?'

소크라테스는 "단지 사는 것이 아니라 훌륭하게 사는 것"이라 했다. 그렇다면 훌륭한 삶이란, 조용히 사랑하고 묵묵히 견디며 누군가의 내일을 위해 오늘을 바치는 일 아닐까. 할머니의 생이 바로 그 대답이었다.

당신은 학문이나 명예로 자신을 증명하지 않으셨다. 대신 희생으로, 사랑으로, 침묵으로 삶을 완성하셨다. 그 손끝의 온기, 그 미소의 힘이 내 안에 아직도 살아 있다.

넬슨 만델라는 이렇게 말했다.

"인간의 위대함은 넘어지지 않는 데 있지 않고, 넘어질 때마다 다시 일어서는 데 있다."

나는 수없이 넘어졌지만, 그때마다 당신의 손이 내 마음을 붙잡아 일으켜 세웠다. 당신의 믿음이 내 희망의 근원이 되었고, 그 희망이 나를 오늘까지 이끌어 주었다.

이제야 깨닫는다.

당신이 내게 물려주신 것은 돈도, 재산도 아니었다. 그건 '희망'이라는 이름의 유산이었다. 삶이 힘겨워도, 희망을 품은 사람은 이미 행복한 사람임을 당신은 몸으로 보여주셨다.

오늘도 나는 당신의 가르침을 품고 살아간다.

말보다 행동으로, 지식보다 사랑으로, 그리고 무엇보다 '침묵 속의 헌신'으로.

당신이 내게 남겨주신 그 희망이 이제 내 삶의 등불이 되어 다시 누군가의 어둠을 밝히고 있다.

16.

국물 속의 등불

삶은 가끔 거센 파도처럼 몰아친다. 그 위에 선 우리는 끝없이 노를 저으며 나아가지만, 어느 순간엔 모든 걸 놓아버리고 싶은 깊은 피로에 잠기기도 한다.

그럴 때마다 내 마음을 다시 일으켜 세운 말이 있었다.

헨리 워즈워스 롱펠로우(Henry Wadsworth Longfellow)의 시가 전하는 뜻이었다.

"오늘보다 더 나은 내일."

젊은 날 나는 앞만 보며 달렸다. 더 많이, 더 높이, 더 빨리. 하지만 욕망의 끝에는 항상 허무가 기다리고 있었다. 뒤돌아보니, 정작 가장 귀한 것들은 늘 내 곁에서 조용히 나를 기다리고 있었음을 알았다.

따뜻한 밥 한 끼, 가족의 눈길, 말없이 나를 품어주던 할머니의 된장국. 할머니는 새벽마다 마당을 쓸며 하루를 시작하셨다. 구부정한 허리로 한 줌 먼지까지 털어내시며 말하셨다.

“깨끗해야 하루가 반듯하게 흘러간다.”

그 믿음 하나로, 무심한 듯 깊은 가르침을 주셨다.

내가 늦잠을 자거나 말썽을 부려도, 항상 된장국에 두부를 동동 띄워 내주셨다. 그 따스한 국물 안엔, 묵묵한 사랑과 잊지 못할 향기가 배어 있었다.

“인생이 힘들 땐 국 한 술 뜨고 나가거라. 세상은 매섭지만, 사람은 따뜻할 수 있으니…….”

할머니는 그렇게 ‘효’를 말이 아닌 삶으로 가르쳐 주셨다. 그 가르침은, 오늘을 살아가는 내 안의 온기다.

하루는 지하철역 근처, 비가 쏟아지던 날이었다.
우산을 파는 노인을 지나치다 문득 걸음을 멈췄다.

“이 비도 곧 그치겠죠?”

내 물음에 노인은 조용히 답했다.

"비야 그치지. 하지만 마음의 비는, 가끔 오래 내리지."

며칠 뒤, 그 자리를 다시 찾았지만 노인은 보이지 않았다. 대신 낡은 의자 위에 쪽지 한 장이 놓여 있었다.

"오늘보다 더 나은 내일을 위해, 당신의 우산이 되어준 시간 고마웠어요."

나는 그날 샀던 우산을 펼쳤다. 차가운 바람이 불어왔지만, 내 마음은 할머니의 된장국처럼 따뜻해졌다.

어쩌면 행복은 먼 미래에 있지 않다.
거창한 성공이나 이룩한 성취에도 없다.
그것은 비 내리는 날, 우산을 씌워주는 마음, 밥상머리에 놓인 국 한 그릇, 그런 작고 조용한 순간 속에 숨 쉬고 있는 것이다.

나는 이제, 누군가의 하루를 따뜻하게 덮어주는 우산이 되고 싶다. 그 우산 아래서 한 사람의 오늘이 조금은 덜 춥기를 바란다.

제2장

시간의 손길, 사랑의 완성

I부

사랑이 머문 자리

1.

무게를 견디는 사랑

전철역으로 향하던 어느 날, 수레 가득 폐지를 실은 채 세월을 이고 가는 듯한 한 할머니를 만났다. 굽은 등과 힘겨운 발걸음에 삶의 무게가 고스란히 실려 있었다. 나도 모르게 뒤에서 수레를 밀어드리니, 할머니는 환하게 웃으시며 "정말 고맙다." 라고 말씀하셨다. 그 미소는 지친 삶 속에서도 지켜낸 따뜻함이었다.

길가 벤치에 잠시 앉아 쉬시던 할머니는 하루 두세 번 수거해 폐지를 팔아도 한 달 수입이 고작 15~20만 원 정도라고 하셨다. 날씨가 궂으면 빈손으로 돌아오기도 하고, 고물상에 팔기 전 종류별로 분류하느라 밤늦도록 일을 하신다고 한다. 기초연금에 이 수입을 더해도 할아버지 약값과 월세를 내고 나면 늘 빠듯한 생활이 이어진단다.

그 말씀을 들으며 돌아가신 나의 할머니가 떠올랐다.

기초연금도, 무료급식소도 없던 시절, 맹물로 허기를 달래며 내게는 늘 밥 한 그릇을 챙겨주시던 분. 그 희생을 외면한 채, 나는 용돈 한번 드리지 못하고 보낸 죄스러움에 지금도 가슴이 저린다.

어릴 적, 구례에서 딸기를 팔아 서랍에 넣어두신 돈을 나는 몰래 꺼내 문구류를 샀다. 그때는 그 일이 잘못이라는 생각조차 하지 못했다.

그리고 시간이 한참 흐른 뒤에야, 그 돈이 얼마나 귀하고 절실한 것이었는지를 알았다.

폐지를 줍는 할머니의 이야기는 지금도 우리 곁에 존재하는, 그리고 눈에 잘 띄지 않는 '삶의 가장자리'에 있는 분들의 이야기다.

그분들이 감내하는 삶의 무게는 단지 생계를 위한 무게가 아니다. 그 안에는 자식에 대한 체념, 외로움, 그리고 살아가겠다는 조용한 의지가 담겨 있다.

노인이 될수록 건강과 약간의 여유가 얼마나 큰 힘이 되는지를 나는 이 할머니를 통해 배웠다. 그리고 효도는 거창한 것이 아니라 바로 이런 작고 조용한 관심에서 시작된다는 것도.

조금만 더 마음을 기울였더라면 조금만 더 일찍 깨달았더라면. 할머니가 계실 때, 나는 따뜻한 밥 한 끼를 더 대접해 드릴 수 있지 않았을까.

이제라도 늦지 않았기를 바란다. 내 삶이 누군가에게 조금 더 따뜻한 시선이 되기를, 조용히 짐을 덜어주는 마음이 되기를 소망한다.

2.

그 품에서 배운 사랑

어릴 적, 나는 그 품이 세상의 전부였다. 찬바람이 불어와도, 억센 비가 쏟아져도 할머니의 두 팔 안에서는 아무것도 두렵지 않았다. 그 품은 언제나 나를 지켜주던 방패였고, 세상에서 가장 따뜻한 안식처였다.

그때는 몰랐다. 그 온기가 얼마나 귀한 것인지, 그 품이 얼마나 많은 것을 막아주고 있었는지. 멀리 떠난 뒤에야, 그 무게를 알았다.

할머니는 언제나 아끼고 절약하며 사셨다. 무엇이든 스스로 해결하려 하고, 자신보다 가족을 먼저 생각했다. 초등학교에 다니는 여동생이 다리에 염증이 뼛속까지 번졌다는 말에, '뜨거운 석유에 발을 담그면 낫는다'는 말을 전해 듣고 연탄불 위에 석유를 데우다 얼굴에 화상을 입으셨다. 지금 생각하면 위험천만한 일이었지만, 그 안에는 자신을 희생하며 자손만을 위하는 사랑만 있었다.

초등학교 시절, 수학여행을 마치고 돌아온 날, 기차역까지 마중을 나온 할머니는 갓 지은 밥을 도시락에 담아 내게 건넸다. 그런데 나는 친구들 앞에서 그 사랑이 부끄러워 고개를 돌리고 말았다. 그 무심함이 지금도 가슴속 깊이 걸려 있다.

내 마음을 가장 아프게 하는 기억은, 어느 밤 할머니가 흐느끼던 장면이다. 어린 마음에 위로 대신 "빨리 돌아가세요!"라는 모진 말을 내뱉었다. 그 말이 할머니 가슴에 어떤 상처를 남겼을지, 세월이 흐른 지금에서야 비로소 헤아려진다.

세월이 흘러, '성공하면 효도하겠다'는 핑계만 대다 나는 끝내 효도 한번 하지 못했다. 그사이 할머니는 떠나셨고, 나는 병상에서 처음으로 죽음의 문턱을 마주했다. 그 순간, 깨달았다. '효'란 '나중'이 아니라, 같이 있어 주는 바로 그 시간이라는 것을.

어느 날 꿈속에 할머니가 나타났다. 말없이 나를 바라보며 '아직 기회가 있다'는 듯 고개를 끄덕였다. 그 후로 나는 암수술 후 죽을 고비를 넘겼고, 그것이 할머니가 남겨준 마지막 은

혜임을 믿는다.

지금도 힘들 때면 할머니의 품을 떠올린다. 등을 토닥이며, "그래, 그래." 하던 그 목소리. 그 품 안에서 나는 여전히 사랑받는 손자다.

이제야 안다. 할머니께 가장 소중한 것은 손자의 성공이 아니라 함께한 시간이었음을. 그리고 나는, 그 시간을 놓쳐버린 어리석은 손자였음을.

남은 생은 그 품에서 받은 사랑을 세상에 돌려주며 살고 싶다. 다시 만나게 되는 날, 이번에는 온 마음으로 사랑한다고 말할 수 있도록.

3.

마지막 길목의 고무신

마음의 문을 열면, 가장 먼저 비에 젖어 있는 골목길이 보인다. 그 길모퉁이에서 검은 고무신 한 켤레를 신고 기다리시던 할머니와, 그 곁에서 아무 말 없이 나를 지켜보시던 증조할머니가 계셨다. 고무신은 비에 젖고, 흙탕물이 튀어 검게 얼룩졌지만, 그 안에는 나를 향한 따스한 기다림이 가득했다. 나는 그 신발을 부끄러워했고, 그 기다림을 외면했다. 그 시절 나는 그저 친구들의 운동화가 부러웠고, 도시의 반짝이는 구두를 꿈꾸었다.

할머니는 늘 검은 고무신을 신으셨다. 봄, 여름, 가을, 겨울, 계절의 변화와 상관없이 그 고무신은 늘 그 자리에 있었다. 아침 일찍 부엌에서 밥을 지으러 갈 때도, 밭에 나가 일을 하실 때도, 그리고 학교 앞에서 나를 기다리실 때도. 그 신발은 그분의 삶 자체였다. 흙과 땀과 눈물로 얼룩진 그분의 생애. 그 모든 것이 그 검은 고무신 한 켤레에 담겨 있었다. 나는 그 의미를 알지 못했다. 그저 나를 부끄럽게 만드는 낡은 신발이라 여겼을 뿐이다.

증조할머니는 더욱 말수가 적으셨다. 할머니와 내가 마당에서 도란도란 이야기를 나눌 때도, 증조할머니는 늘 먼발치에서 조용히 우리를 바라보셨다. 그분의 눈빛은 언제나 따뜻했지만, 나는 그 시선이 무겁게 느껴지기도 했다. 그분의 삶은 마치 오래된 흑백사진 같았다. 빛바랜 듯 보였지만, 그 안에는 수많은 희로애락이 고스란히 담겨 있었다. 나는 그 사진 속의 이야기를 읽어낼 만큼 깊이 있는 사람이 되지 못했다. 어른이 되어서야 그것을 후회했다.

나는 더 넓은 세상으로 나아가기 위해 그분들의 곁을 떠났다. 도시의 빠른 걸음에 맞춰 뛰고, 더 좋은 신발을 신기 위해 끊임없이 노력했다. 그 과정에서 나는 그분들의 느린 발걸음을 잊고 있었다.

바쁜 삶 속에서 할머니와 증조할머니의 안부는 늘 '나중에'라는 말 뒤로 미루어졌다. 그 '나중에'는 결국 영원히 오지 않았다. 두 분은 아무런 기척 없이, 조용히 이 세상을 떠나셨다. 나는 너무 늦게야 그 사실을 알았고, 그분들의 마지막을 지켜드리지 못했다.

장례를 치르고 돌아온 증조할머니의 빈집. 그곳에는 증조할머니의 흔적과 온기가 고스란히 남아 있었다. 부엌의 낡은 도마, 마당 끝에 놓인 짚신, 그리고 문간에 놓인 낡은 검은 고무신 한 켤레. 그 고무신을 보는 순간, 나는 둑이 터진 것처럼 울고 말았다. 그 신발은 증조할머니의 삶이었고, 그 발자국은 나의 길이 되었다. 나는 그 발자국 위에서 성장했고, 그 사랑 위에서 살아왔다.

이제 나는 나이가 들어 두 분과 비슷한 세월을 살아가고 있다. 그때의 고무신처럼, 이제 나의 신발도 낡고 닳았다. 나는 매일 밤 잠들기 전, 마음속으로 두 분을 떠올린다. 내가 너무 늦게 깨달았다고, 이제야 감사하다고 말씀드린다.

그분들의 희생이 없었다면, 오늘의 나도 없었을 것이다. 나는 그분들의 헌신을 기억하고, 그분들이 보여주신 사랑의 온기로 나의 삶을 채워나가야 한다고 다짐한다.

언젠가 나도 이 세상을 떠나게 될 것이다. 그때, 마지막 길목에서 나는 무엇을 신게 될까. 나는 그 마지막 길목에서 다시 한 번 그 검은 고무신을 만나고 싶다. 이번에는 내가 먼저 달려가, 그 발을 따뜻하게 감싸드릴 수 있기를 소망한다. 그 신발은 사랑이었고, 그 사랑은 오래된 기도였고, 그 기도는 내 전 생애를 비춘 빛이었다.

4.

두 할머니의 그늘

마당 한편, 오래된 느티나무가 있었다. 굵은 뿌리가 흙을 움켜쥐고, 넓은 가지는 하늘을 덮고 있었다. 여름이면 그 나무 아래가 동네 아이들의 놀이터가 되었다.

하지만 내게 그곳은 단순한 그늘이 아니었다. 햇볕을 막아주는 나무의 그림자 너머, 언제나 그 자리에 앉아 있던 할머니와 증조할머니, 두 할머니의 품이었다.

두 할머니는 이른 새벽부터 종일 일손을 놓지 않았다. 마당 한쪽의 채소밭을 매고, 장독대의 뚜껑을 열었다 닫으며, 바람의 온도를 손끝으로 느끼던 분이었다. 나는 그 옆에서 늘 흙장난을 치며 놀았다.

손바닥에 흙이 가득 묻으면, 두 할머니는 내 손을 부드럽게 잡고 말하곤 하셨다.

“손은 흙 묻어야 사람 된다.”

그 말이 그때는 무슨 뜻인지 몰랐다. 그저 손등에 묻은 흙을 털어내며 웃었을 뿐이었다. 하지만 지금 생각하면, 그건 삶의 진리이자, 사랑의 가르침이었다.

그늘 아래에서 두 할머니는 늘 자리를 지키셨다.
아이들이 놀다 다치면, 먼지를 털어주고, 무릎에 입김을 불어주었다.

“후— 따뜻하제?”

그 손길은 약보다도, 말보다도 빨랐다. 상처는 여전했지만 마음은 금세 가라앉았다.

그때의 어린 나는 몰랐다. 그 손이 얼마나 거칠고, 얼마나 아팠을지를. 그늘은 그렇게 만들어졌다. 자신의 햇볕을 내어주는 사람의 희생으로.

두 할머니의 그늘은 단지 나무 아래 머물지 않았다.

그늘은 부엌의 연기 속에도 있었고, 빨랫줄에 걸린 옷가지 사이에도 있었다. 내가 학교에 가던 날이면, 골목 어귀까지 나와 손을 흔들던 모습이 그늘의 또 다른 얼굴이었다.

세월이 흘러 나는 도시로 전학을 갔다. 회색 빌딩 사이엔 나무 그늘이 없었다. 모든 것이 반짝였지만, 마음 한편은 늘 메말랐다. 학교에서 지쳐 돌아오면, 문득 마당의 느티나무와 그 아래 앉은 두 할머니의 뒷모습이 떠올랐다. 그 모습이 내게는 '쉼'의 다른 이름이었다.

어느 해 여름, 방학을 맞아 고향에 내려갔다. 마당은 그대로였지만, 느티나무는 많이 늙어 있었다. 가지 끝이 잘려 있고, 잎사귀는 힘없이 축 늘어져 있었다. 그 앞에 앉아 있던 증조할머니는 이미 작고 굽은 몸으로 바람을 맞고 있었다.

"나무가 이제 힘이 없네."

증조할머니가 나지막이 말했다. 그 말은 이상하게 어린 내 마음을 건드렸다. 그때 나는 처음으로 증조할머니의 등을 바라봤다. 햇볕에 그을린 등은 굽었지만, 그늘은 여전히 넓게 드리워져 있었다.

시간은 무정했다. 얼마 지나지 않아, 증조할머니는 세상을 떠나셨다. 그날 이후, 마당의 그늘은 자리를 잃었다. 여름 햇볕은 여전히 쏟아졌지만, 그늘은 더 이상 같은 빛깔이 아니었다. 그늘 속에서 들리던 숨소리, 내 이름을 부르던 그 목소리가 사라졌기 때문이다.

장례가 끝나고 마당에 나 홀로 앉았을 때, 나는 처음으로 느티나무를 올려다보았다. 나무는 여전히 그 자리에 있었다. 그러나 가지마다 걸려 있던 그늘은, 이제 내 마음속으로 옮겨와 있었다. 그날 나는 마음속으로 중얼거렸다.

"이제 어데서 그늘을 찾지?"

도시로 돌아온 뒤, 나는 학교에 다니면서도 종종 증조할머니를 떠올렸다. 지쳐 있는 여동생의 얼굴이 보이면, 나도 모르게 따뜻한 말을 건넸다.

"괜찮아, 쉬었다 해."

그 말이 증조할머니의 목소리와 닮아 있다는 걸 깨달았을 때, 나는 웃음이 났다.

어느 날 저녁, 창가에 앉은 여동생이 말했다.

"오빠, 왜 나무는 하늘로만 자라지?"

나는 잠시 생각하다가 대답했다.

"그래야 그늘이 멀리까지 닿거든."

그 말을 하며 어린 나도 스스로 놀랐다. 그건 분명 내 말이 아니라, 오래전 증조할머니의 그늘에서 배운 말이었다.

이제 성장한 나는 안다. 그늘은 '받는 것'이 아니라 '건네는 것'이다. '효'란 증조할머니의 등을 떠올리며 눈물짓는 일이 아니라, 그 마음을 이어 누군가를 덮어주는 일이다.

어릴 적, 나는 두 할머니의 그늘 아래에서 자랐다. 이제는 내가 그늘을 만들어야 할 차례다. 내 손자에게, 내 동료에게, 햇볕에 지친 이웃에게 잠시 머물다 갈 수 있는 평안의 그늘 하나를 내어주고 싶다.

오늘도 나는 하늘을 올려다본다. 느티나무의 가지는 하늘로 뻗어 있고, 그 밑에는 내가 있다. 그늘은 사라지지 않았다. 모양만 바뀌었을 뿐, 그 자비로운 그림자는 여전히 내 삶을 감싸고 있다.

나는 다짐한다. 그늘이 되어 주신 두 할머니처럼, 나도 누군가의 그늘이 되어 살아가리라.

그늘은 빛이 남긴 선물이고, 사랑이 남긴 자취다.
그늘 아래서 자란 사람은, 결국 또 다른 그늘이 된다.

II부 사계의 밥상

- 희생으로 이어진 사랑

5.

기침으로 지어진 밥

어릴 적, 새벽마다 부엌에서 들려오던 기침 소리를 기억한다. 나는 이불 속에 누워 그 소리를 들었다. 소나무 가지가 활활 타며 연기가 부엌을 가득 메우고, 그 틈에서 할머니의 기침이 쏟아졌다. 나는 그 소리를 밥이 지어지는 신호로만 알았다. 이윽고 밥 냄새가 퍼지면, 따뜻한 하루가 시작된다고 믿었다.

그러나 세월이 지나서야 알게 되었다. 그 기침은 단순한 부엌의 소리가 아니었다. 그것은 사랑이 타오르며 만들어낸 울림이었다. 밥상 위에 놓인 한 그릇의 밥은 연기와 기침, 그리고 몸을 깎아낸 희생으로 지어진 것이었다. 나는 밥만 기억했지만, 그 속엔 늘 기침이 함께 있었다.

도시에 살며 전기밥솥으로 밥을 지으면서, 연기도, 냄새도, 기침도 사라졌다. 너무나 편리하고 조용한 주방. 그러나 그 고요 속에서 문득 허전함을 느낀다. 전기밥솥 뚜껑을 열 때 피어오르는 김에는, 그 어떤 고단함도, 그 어떤 숨소리도 없다. 그때 나는 기억 속으로 돌아간다. 연기 자욱한 부엌, 허리를 굽히고 밥을 짓던 할머니, 그리고 기침으로 이어진 새벽의 시간들.

한 번도 묻지 못했다.

"할머니, 괜찮으세요? 그 기침, 많이 힘드시죠?"

대신 나는 그저 따뜻한 밥을 먹으며 배만 채웠다. 늦게야 알게 되었다. 그 기침은 단순한 증상이 아니라, 나를 살리는 하루치의 연료였음을. 지금이라도 물어보고 싶다.

"할머니, 그날의 기침은 전부 저 때문이었지요?"

그러나 대답은 들을 수 없다.

세월이 흐른 지금, 나는 할머니의 나이를 지나 손자의 이름을 부르는 사람이 되었다. 이제는 내가 밥을 짓는다. 연기도 없고, 기침도 없고, 아궁이도 없지만, 나는 밥을 지을 때마다 마음속에서 할머니의 기침을 떠올린다. 전기밥솥에 쌀과 물을 붓고 버튼을 누를 때, 그 속에 마음이라는 불씨를 함께 담는다. 그것이 할머니가 내게 물려주신 '밥 짓는 자세'이기 때문이다.

손자가 내 밥상을 받으며 환하게 웃을 때, 나는 안다. 지금 내가 건네는 밥에도, 할머니의 숨결이 이어져 있다는 것을. 사람은 떠나도, 그분이 남긴 방식과 마음은 세대를 넘어 흐른다.

돌아보면, 그 기침은 밥 짓는 소리가 아니었다. 그것은 사랑을 태워 만든 하루치의 생명이었다. 나는 이제 그 마음을 이어, 오늘도 따뜻한 밥을 짓는다.

6.

봄, 감자밭의 손길

봄이 오면 우리 집 텃밭은 늘 분주했다. 흙은 겨울의 차가움을 벗고 부드러워졌고, 그 위로 초록의 숨결이 피어올랐다. 할머니는 굽은 허리를 펴지도 못한 채 감자밭으로 나가셨다. 마른 손으로 흙을 고르고 싹을 심으실 때, 나는 그저 옆에서 장난삼아 흙을 파헤치곤 했다.

그 시절, 흙 속의 감자는 나에게 그저 먹거리에 불과했다. 그러나 할머니의 손길 속에는 삶이, 그리고 사랑이 묻어 있었다. 손끝마다 굳은살이 박여 있었고, 땀방울이 떨어지는 자리에는 늘 씨앗이 놓였다. 나는 그것을 '노동'으로 보지 않았다. 당연하게 돌아오는 밥상으로만 여겼다.

여름이 가까워지면, 밭둑에 앉아 감자를 캐던 날들이 있었다. 흙 속에서 하얗게 드러난 감자는 어린 마음에도 신기한 보물이었고, 그때마다 할머니는 웃으시며 말씀하셨다.

"얘야, 이건 흙이 키운 게 아니라 사람이 키운 거야. 땀으로 먹는 거란다."

나는 그 말을 대수롭지 않게 흘려들었지만, 지금은 그 한마디가 오래된 돌처럼 가슴에 남는다.

나는 감자밭의 기억을 떠올릴 때마다 후회가 밀려온다.
왜 그때 더 가까이에서 그분의 수고를 바라보지 않았을까.
왜 그때는 흙을 만지며 신나게 뛰놀던 기억만 남았을까.

할머니를 도와드리지 못한 심정으로 지금 내 가슴이 울컥한다. 내 손에 쥐어지는 감자는 너무 쉽고, 너무 가볍다. 마트나 시장에서 몇천 원이면 살 수 있는 것. 그러나 그 감자는 할머니의 고생이 담긴 것이며, 내 유년의 감자는 값으로 매길 수 없는 것이었다.

지금은 내가 손주와 함께 작은 밭을 일군다. 손주들은 흙투성이가 되며 환하게 웃고, 나는 그 모습 속에서 오래전 나를 본다. 흙을 파헤치다 작은 감자가 나오면 손주들은 함성을 지른다. 나는 그 순간마다 속으로 다짐한다.

'그래, 이제는 내가 그 감자밭이 되어야지. 아이들의 기억 속에 남는 밭, 사랑을 품은 흙이 되어야지.'

돌아보면, 감자밭은 단순한 밭이 아니었다. 그것은 세대를 이어주는 마음의 땅이었다. 그 흙 위에 땀과 기도가 스며 있었고, 그것이 나를 키웠다. 봄마다 움트던 싹은 사라져도, 그 기억 속의 감자밭은 아직 내 가슴에서 자라고 있다.

7.

여름, 붉게 익은 딸기밭의 웃음

어느 해 여름 햇살이 내리쬐던 날, 고향집 마당 옆 딸기밭은 늘 붉은 물결로 가득했다. 흙냄새와 풀 내음 속에서 딸기 알맹이는 햇빛을 머금고 영글어 갔다. 나는 할머니의 손을 잡고 밭으로 나갔다. 나는 손바닥만 한 작은 바구니를 들고, 빨갛게 익은 딸기를 하나씩 따 담았다.

그때 나는 그저 딸기의 맛에만 취해 있었다. 입술과 손끝이 빨갛게 물들도록 딸기를 먹고 또 먹었다. 그러나 할머니의 손길은 달랐다. 그분은 늘 덜 익은 딸기를 골라 담으셨다.

"얘야, 잘 익은 건 네가 먹어라. 할미는 이만하면 됐다."

나는 그때 그 말이 무슨 뜻인지 몰랐다. 지금 돌이켜 보면, 그것은 단순한 양보가 아니라 세대를 이어가는 사랑의 방식이었고 할머니의 사랑은 손주뿐이었던 것이다.

해가 뜨겁게 내리쬐어도 할머니는 긴 소매를 걷어 올리고 허리를 숙인 채 딸기를 따셨다. 땀방울이 흘러내려 바구니 위에 떨어졌지만, 그분은 개의치 않으셨다. 나만이 웃고 떠드는 줄 알았지만, 사실은 그분의 땀과 숨결이 그 웃음을 지탱하고 있었다.

나는 커가면서 그 밭을 잊었다. 도시의 마트나 시장 진열대에서 딸기를 손쉽게 집어 들며, 그 붉음이 얼마나 귀한 대가로 이루어진 것인지 알지 못했다. 시간이 흘러 어느 날, 마트에서 딸기를 사와 씻다가 문득 코끝을 스치는 향기에 가슴이 먹먹해졌다. 그 향은 단순한 과일의 향이 아니라, 흙과 땀과 그분의 숨결이 배어 있는 것이었다.

이제는 내가 손주들과 함께 딸기를 먹는다. 할머니가 나와 먹던 것처럼. 손주들은 여전히 달콤함에 웃음을 터뜨리고, 나는 그 웃음을 보며 옛날 내 얼굴을 떠올린다. 그 순간마다 나는 다짐한다.

'이 웃음 속에 또 다른 희생이 있음을 알려주어야겠다.'

돌아보면, 여름 딸기밭은 단순한 과수밭이 아니었다. 그것은 웃음을 빚어내는 사랑의 자리였다. 할머니의 손끝에서 이어진 그 사랑이 지금 내 식탁 위에 남아 있고, 내 손주의 기억 속으로 지금도 전해지고 있다.

딸기는 금세 사라지고, 여름도 짧게 지나가지만, 그 웃음과 사랑은 계절을 넘어 오래 남는다. 그 웃음이야말로 내가 받은 가장 붉고 선명한 선물이었다.

8.

가을, 아픔 속에 익은 열매

가을이 오면 우리 집 식구들은 집 뒤편의 밤나무에서 밤을 따거나 집 앞 고구마밭에서 고구마를 수확하느라 분주했다. 푸른 잎이 물러나고, 바람이 서늘해질 무렵, 나는 늘 할머니와 함께 밤송이를 주우러 다녔다. 마당 가득 쌓아둔 밤송이는 어린 나에게는 보물 같았다.

그러나 그 보물을 얻는 길은 늘 아팠다. 가시 돋친 껍질을 발로 밟아 열면, 그 속에서 반짝이는 밤알이 드러났다. 작은 손으로 밤송이를 벌려 밤알을 꺼내려다 가시에 찔려 피가 나기도 했다. 그때마다 할머니는 내 손을 잡아주며 웃으셨다.

"얘야, 아프지 않고 얻을 수 있는 열매는 없단다."

그 말은 당시에는 위로였으나, 지금은 인생의 진리로 남았다. 그리고 내가 지금까지 성장할 수 있는 발판이 되었다.

고구마밭도 마찬가지였다. 굵은 줄기를 잡아당기면 흙이 갈라지고, 그 속에서 주홍빛 고구마가 얼굴을 내밀었다. 할머니는 손바닥에 흙을 잔뜩 묻히며 고구마를 캐셨고, 나는 옆에서 작은 고구마를 쥐고 기뻐했다. 그날 저녁, 구들장 위에 고구마를 올려 굽기 시작하면, 집 안 구석구석 달큰한 냄새가 퍼졌다. 뜨거운 김에 입천장이 데면서도, 나는 웃으며 그 달콤함을 즐겼다.

그러나 그 시절의 기쁨은 너무도 당연한 것으로 여겨졌다. 밤송이의 가시가 아픔을 남겼듯, 그 웃음 뒤에는 할머니의 고단한 노동이 숨어 있었다. 나는 따뜻한 밤알과 달콤한 고구마만 기억했을 뿐, 굽은 허리와 거친 손마디는 보지 못한 아쉬움만 가득하다.

세월이 흘러 도시에 살며 마트나 시장에서 밤과 고구마를 사 먹지만, 맛은 예전처럼 달았어도 마음 한편은 늘 비어 있었다. 껍질을 벗기며 나는 깨달았다. 과일과 곡식의 맛은 단순한 풍미가 아니라, 그 속에 깃든 땀과 희생이 함께해야 비로소 완전해진다는 것을.

이제는 내가 손자와 함께 가을을 보낸다. 손자는 밤송이에 손이 찔려 울음을 터뜨리고, 나는 그 손을 잡아주며 옛날 할머니의 말을 전한다.

"얘야, 아프지 않고 얻을 수 있는 열매는 없단다."

손자가 고개를 끄덕일 때, 나는 할머니의 목소리를 다시 듣는다. 이 말은 내가 죽을 때까지 기억에 남을 것이다.

가을의 열매는 짧은 계절에만 맺히지만, 그 아픔과 단맛은 세대를 건너 이어진다. 내가 받은 그 말과 손길을, 이제는 내가 전할 차례다.

9.

겨울, 보리를 밟으며 배운 희망

겨울 들녘에는 늘 바람이 매서웠다. 논과 밭은 얼어붙었고, 들길마다 눈발이 흩날렸다. 그러나 그 추위 속에서도 할머니는 나를 데리고 보리밭으로 나가셨다.

"얘야, 보리는 밟아야 튼튼해진단다."

나는 그 말이 이상했다. 왜 애써 심은 보리를 밟아야 하는지 이해할 수 없었다.

할머니는 무릎이 시리는 겨울에도 보리밭을 천천히 걸으셨다. 발자국마다 보리싹은 눌렸고, 어린 나는 그저 '죽는 게 아닌가' 걱정스러웠다. 그러나 봄이 오면 놀랍게도 그 싹들은 더 단단히 뿌리를 내리고 푸르게 일어섰다. 어린 시절 그 광경은 내 눈에 신비로웠지만, 지금은 나에게 인생의 비밀을 알려주는 장면으로 지금까지 남아 있다.

나는 살아오며 수많은 겨울을 만났다. 몸이 아팠을 때, 마음이 무너졌을 때, 관계가 끊어지고 길이 막혔을 때…. 그 순간마다 나는 쓰러질 것만 같았다.

그러나 그 아픔의 계절이 지나고 나면, 오히려 더 깊은 뿌리가 내 안에 생겨 있음을 알았다. 어린 시절 보리밭에서 배운 교훈은 여전히 나를 지탱한다는 것을 뒤늦게 깨달았다. 할머니는 단지 농사를 가르치신 것이 아니었다. 할머니는 나에게 삶의 방식을 보여주신 것이다.

힘든 계절에도 꺾이지 않고, 고통 속에서도 단단해지는 마음을 가르쳐 주셨다. 그것이 할머니가 보리밭에서 내게 전해주신 유산이었다. 지금은 내가 손자와 함께 겨울 보리밭을 걷는다. 그때 그 시절처럼.

손자는 차가운 땅 위에서 발을 동동 구르며 묻는다.

"할아버지, 왜 보리를 밟아요?"

나는 웃으며 대답한다.

“그래야 더 잘 자라거든.”

손자가 고개를 갸웃하며 내 발자국을 따라 걸을 때, 나는 할머니의 뒷모습을 떠올린다.

겨울은 여전히 춥지만, 그 속에서 희망이 움튼다. 보리가 밟혀야 푸르게 일어서듯, 사람도 시련 속에서 더 단단해진다. 나는 오늘도 그 추운 밭 위를 걸으며 다짐한다. 내가 받은 사랑과 교훈을 손자에게 남기겠다고. 언젠가 손자도 자신의 겨울을 만날 때, 이 발자국을 기억하며 일어설 수 있기를 바란다.

Ⅲ부

손끝에 남은 시간

10.

밥보다 따뜻했던 손등의 상처

어린 시절, 우리 집 부뚜막은 늘 뜨겁고 분주했다. 새벽이면 할머니는 아궁이에 장작을 넣고 솥뚜껑을 살짝 여셨다. 그 안에서 된장이 끓었고, 감자가 삶아졌으며, 기름에 지진 전이 지글거렸다. 나는 그 냄새를 따라 방에서 나왔고, 밥 냄새를 맡는 순간 이렇게 늘 하루가 시작되었다.

그때 나는 밥만 기억했다. 밥을 퍼 주던 손은 보았으나, 그 손의 의미는 알지 못했다. 갈라지고 피가 맺힌 손등을 보며 잠시 놀란 적도 있었지만, 할머니는 웃으며 "불똥이 튀었어, 괜찮다."라고 말씀하셨다. 나는 그대로 믿었다.

그러나 지금은 안다. 그 손은 단순한 손이 아니었다. 내 하루 세 끼를 짓고, 내 삶을 일구어 주던 삶의 등불이었다는 것을.

세월이 흘러 도시에서 직장을 다니며, 나는 전기밥솥으로 밥을 지었다. 쌀을 씻고 '취사' 버튼을 누르는 일은 너무나 간단했다. 그러나 그 간단함 속에서 나는 문득 허전함을 느꼈다. 밥은 완성되었지만, 그 안에는 연기도, 땀도, 갈라진 손의 흔적도 없었다. 그제야 나는 깨달았다. 밥보다 더 따뜻했던 것은 밥을 짓던 손의 상처였음을.

할머니의 부고 소식을 듣고 서둘러 할머니 집에 도착했을 때, 할머니는 이미 흰 천에 덮여 누워 계셨다. 한참이 지난 후에 허기진 배를 달래려 밥을 떠 넣었지만 그날따라 한 숟갈도 제대로 목을 넘어가지 않았다.

숟가락을 든 채 한참을 머뭇거리다, 뒤늦게야 깨달았다.
내가 아무 말 없이 받아먹어 온 그 수많은 밥 속에는, 평생을 견디고 버티며 흘려온 할머니의 시간과 말없이 전해온 사랑이 조용히 스며 있었다는 것을. 밥은 다 익어 있었으나, 정작 내 마음은 아직도 설익은 그 자리에서 멈춰 있었다.

그리고 그날에서야 알았다.
할머니가 남기신 것은 밥 한 그릇이 아니라,
내가 오랫동안 외면해 온 마음의 깊이였다는 것을.

이제는 내가 부뚜막이 되었다. 손주가 집에 오면 나는 밥을 짓는다. 물 높이를 보고, 쌀을 씻고, 불을 맞춘다. 밥솥에서 김이 피어오르면 손주는 함성을 지른다. 나는 그 모습을 보며 옛날 내 얼굴을 떠올린다. 그때 나는 몰랐다. 그러나 지금은 안다. 밥을 짓는다는 것이 얼마나 깊은 사랑의 표현인지를.

식탁에는 항상 빈자리가 하나 있다. 누구도 앉지 않는 자리, 할머니의 자리다. 나는 그 자리에 국 한 그릇을 올려두며 혼잣말처럼 말한다.

"할머니, 이제는 제가 밥을 지어요."

돌아보면, 내 인생은 밥상 위에서 자라왔다. 밥보다 더 따뜻했던 건, 그 손의 상처였다. 나는 이제 그 손을 닮은 손이 되고 싶다. 누군가의 하루를 지켜 주는 손, 숨을 이어 주는 손. 그것이 내가 받은 사랑에 대한 가장 늦은, 그러나 가장 진실한 인사일 것이다.

11.

이불 끝에서 이어진 손길

겨울밤이면 어린 나는 늘 이불을 걷어차곤 했다. 그럴 때마다 할머니는 깊은 잠에서도 몸을 일으켜 조용히 다가오셨다. 무릎부터 이불을 펴고, 어깨까지 조심스럽게 덮어 주시던 그 손길. 그 순간만큼은 세상에서 가장 소중한 사람이 된 듯했다. 나는 잠든 척 눈을 감고 있었지만, 마음은 그 따뜻한 순간을 기다렸다.

그때 나는 몰랐다. 그 손길이 단순한 습관이 아니라, 온 생애를 걸어 내게 건네던 사랑이었음을. 이불 끝을 고르던 손가락, "추워, 감기 든다." 중얼거리던 목소리, 그리고 등을 돌리고 누우시던 뒷모습. 그 모든 장면은 내가 가진 가장 포근한 기억이 되었다.

세월이 흘러 대학생이 되어 혼자 자취를 시작했을 때, 겨울

밤의 방은 차갑고 고요했다. 전기장판이 깔려 있었지만 마음은 여전히 시렸다. 가끔 눈을 떴을 때, 나는 무의식적으로 먼저 이불 끝을 더듬곤 했다. 그러나 거기에는 아무 손도 없었다. 그럼에도 이상하게도 따뜻했다. 기억 속에서 여전히 내 몸을 덮어 주는 그 손이 있었기 때문이다. 나는 그때 깨달았다. 사랑은 사라지지 않고, 기억 속에서 여전히 나를 덮어 주고 있다는 것을.

그러나 후회 또한 함께 찾아왔다. 할머니께 "고맙습니다."라는 말을 단 한 번도 하지 못했다는 사실. 그 손길이 사라진 뒤에야, 나는 그 사랑이 얼마나 크고 귀했는지를 알게 되었다. 이불을 덮어 주는 단순한 행동이 아니라, 내 삶을 감싸준 보호막이었다는 것을. 그 깨달음은 늦었지만, 늦게 배운 사랑일수록 마음 깊이 새겨졌다.

이제는 내가 이불을 덮어 주는 사람이 되었다. 손자가 잠을 자다가 발을 내놓으면, 나는 조용히 다가가 무릎부터 가슴께까지 포근히 감싸 준다.

그 순간, 오래전 들었던 속삭임이 입술을 떠난다.

"감기 들지 마라…."

놀랍게도 그것은 내 어린 시절 잠결에 들었던 할머니의 목소리와 똑같았다. 나는 어느새 그 손을 기억하는 손이 되었고, 그 말을 이어가는 사람이 되었다.

가족을 돌보는 지금의 내 삶은, 과거와 현재가 맞닿아 있는 시간이다. 손자가 이불 속에서 고른 숨을 내쉴 때, 나는 비로소 깨달았다. 내가 덮는 것은 단순한 이불이 아니라, 세대를 이어온 사랑이라는 것을. 그 손길은 내 안에서 되살아나, 다시 다른 누군가의 밤을 지키고 있다.

사랑은 손에서 손으로 전해진다. 할머니가 내게 덮어 주던 그 이불은 이제 내 손자에게 이어지고, 언젠가는 또 다른 세대로 전해질 것이다. 나는 이제 안다. 이불 끝을 덮어 주던 작은 손길 속에, 한 생애의 마음과 기도가 담겨 있었다는 것을.

언젠가 다시 그 손을 만날 수 있다면, 나는 이렇게 고백하고 싶다.

"할머니, 그 손길 덕분에 제가 살아왔습니다. 이번엔 제가 당신의 이불을 덮어 드리겠습니다."

12.

조약돌의 온기

겨울 아침마다 학교 가는 내 손에는 작은 조약돌이 있었다. 집에는 장갑조차 없었고, 책은 보자기에 묶어 허리에 둘러메고 눈길을 걸어야 했다. 코끝이 시리고 손끝이 저리던 그 새벽, 할머니는 늘 아궁이 불을 지피신 뒤 작은 조약돌 하나를 재 속에 넣으셨다. 그리고 학교 가는 길, 내 손에 조심스레 쥐여 주셨다.

"이거 꼭 쥐고 가거라."

돌은 뜨겁지도 차갑지도 않았다. 마치 할머니의 손을 잡은 듯, 은근한 온기가 스며들었다. 한 시간이 넘는 눈길을 걷는 동안, 조약돌 하나가 내 손을, 나아가 마음까지 데워주었다. 그 조약돌이 있었기에 나는 울지 않고 끝내 걸어갈 수 있었다.

그때는 몰랐다. 그 조약돌 하나가 단순히 돌이 아니라, 사랑을 품은 온기라는 것을. 그것이 내 어린 삶을 지탱하는 기도였다는 것을. 나는 그저 당연하게 받았고, 그 손길의 깊이를 알지 못했다.

스무 살 무렵, 서울의 자취방에서 지내던 어느 겨울밤. 손을 주머니에 넣었을 때 텅 빈 공간이 느껴졌다. 춥지도 않은 날인데도 무의식처럼 무언가를 찾았다. 손끝엔 아무것도 없었지만, 마음 한구석엔 여전히 '그 조약돌 하나'가 있었다. 기억은 온기를 품고 내 안에 살아 있었다. 세상은 차갑고 바빴지만, 나는 무너지지 않았다. 그 조약돌의 기억이 내 삶을 지탱해 주고 있었기 때문이다.

그러나 동시에 후회가 스쳤다. 왜 나는 단 한 번도 "할머니, 감사합니다."라는 말을 하지 못했을까. 매일 조약돌을 쥐고 등굣길을 나서면서도, 그것이 당신의 사랑임을 알아채지 못했다. 그 깨달음은 너무 늦게 찾아왔고, 내겐 죄처럼 무겁게 남았다.

이제는 내가 할아버지가 되어 손자의 손을 잡는다. 겨울 아침, 손자가 "할아버지, 손 시려요…." 하며 두 손을 내밀었을 때, 나는 문득 오래된 기억을 떠올렸다. 아궁이 앞에 앉아 조약돌을 재 속에 묻던 할머니의 구부정한 뒷모습. 할머니가 조약돌을 데워 내 손을 감싸주던 그날처럼, 나는 데운 작은 핫팩을 손수건에 싸서 손자 손에 쥐여 주었다.

"이거 꼭 쥐고 가. 안 그러면 손 시려."

손자가 웃으며 고개를 끄덕였을 때, 나는 할머니의 웃음을 보았다. 그렇게 사랑은 이어졌다. 조약돌은 사라져도 온기는 흐르고 있었다.

요즘 손자는 친구 손이 차다며 자기 작은 핫팩을 건네주기도 한다. 나는 그 모습을 보며 마음속으로 중얼거린다.

'할머니, 그 따뜻함은 이제 제 손자의 손에서 이어지고 있습니다.'

조약돌 하나가 세상을 바꾸진 못한다. 그러나 한 아이의 삶을, 한 가문의 사랑을 이어주는 힘은 되었다. 그 조약돌은 단순한 돌이 아니었다. 그것은 말없는 사랑의 증거였고, 세대를 넘어 전해지는 따뜻한 유산이었다.

나는 다짐한다. 언젠가 다시 할머니를 만나게 된다면 이렇게 말씀드리고 싶다.

"할머니, 그 조약돌 하나로 제가 여기까지 왔습니다. 이번엔 제가 당신의 손을 따뜻하게 덥혀드리겠습니다."

13.

그 겨울, 거친 손의 기술

한참을 걸어왔다는 느낌이 들 때, 문득 뒤를 돌아보는 순간이 있다. 젊은 날에는 오직 앞만 보며 달렸건만, 이제는 지나온 발자국을 더 자주 돌아보게 된다. 그때마다 나는 한 가지 질문에 부딪힌다.

'과연 나만이 가진 특별한 재능이 있었던가?'

나는 평생을 인문사회 분야에서 살았다. 논리와 언어를 다루는 일에는 익숙했으나, 손으로 직접 만들고 고치는 '기술'과는 거리가 멀었다. 가끔은 의학이나 제약처럼 사람의 생명을 직접적으로 돕는 기술, 혹은 복잡한 기계를 능숙하게 다루는 기술을 가진 이들을 보며 부러워하기도 했다.

그들의 손에는 세상을 변화시키는 명징한 힘이 있었고, 나는 다만 머리로만 세상을 이해하려 애썼던 것 같았다. 만약 다시 삶의 시작점에 설 수 있다면, 나는 조금 더 쓸모 있고 유용한 기술을 익히고 싶다는 생각을 하곤 했다. 내가 살아온 삶의 길이 어쩐지 조금은 허전하게 느껴지던 때였다.

하지만 그 허전함의 정체를 곱씹을수록, 나는 차가운 마루에 무릎을 꿇고 앉아 계시던 할머니의 뒷모습을 떠올리게 된다. 당신은 낡은 쌀자루를 기우고 계셨고, 그 손등 위로 길고 깊은 삶의 주름들이 강물처럼 흘러갔다. 당신의 손은 단 한 번도 고운 비단결 같았던 적이 없었지만, 그 거친 손으로 나를 씻기고, 밥을 먹이고, 이불을 덮어 주셨다.

그 손은 어떤 위대한 기술보다도 더 깊은 사랑의 기술을 지니고 있었다. 어린 날의 나는 그 기술이 얼마나 숭고하고 위대한 것인지 알지 못했다. 그저 따뜻한 손길로만 여겼을 뿐, 그 손에 스며든 피와 땀, 켜켜이 쌓인 세월의 무게를 헤아릴 줄 몰랐다.

나는 내가 가진 재능이 무엇인지, 내 전공이 왜 기술이 아닌지 고민했었다. 하지만 이제야 깨달았다. 내 전공은 기술이 아니지만, 할머니 덕분에 내게는 세상에서 가장 귀한 '마음의 기술'이 생겼다는 것을. 당신의 손길은 단순한 보살핌이 아니라, 나라는 존재의 뿌리를 튼튼하게 지탱해 준 깊은 사랑의 기술이었음을. 이 기술은 자격증이나 학위로 증명할 수 없지만, 삶의 가장 어두운 순간에도 흔들리지 않는 단단한 마음을 선물해 주었다.

어쩌면 나의 삶은 앞으로도 눈에 띄는 기술을 갖지 못할지도 모른다. 하지만 나는 이제 내가 가야 할 길을 안다. 할머니가 나에게 가르쳐 주신 이 '효'라는 마음의 기술을, 내가 받은 사랑의 깊이를 다음 세대에게 전하는 일. 그들에게 효가 거창한 것이 아니라, 그저 마음을 다해 뿌리를 돌아보고 감사하는 일이라는 것을 알려 주는 일. 바삭한 낙엽을 밟으며 걸어온 세월의 소리를 듣는 것, 따뜻한 밥 한 그릇에서 조상의 땀을 느끼는 것처럼, 삶의 작은 순간순간 속에서 효의 의미를 발견하도록 돕고 싶다.

나의 앞으로의 삶은, 그래서 더 이상 허전하지 않을 것이다. 내가 가진 것은 의학이나 제약 기술이 아니지만, 나는 이제 마음의 기술을 통해 사람들의 마음에 위안과 평화를 전하고 싶다. 조상의 희생으로 오늘의 우리가 존재한다는 삶의 진리를 깨우쳐, 사랑을 잊고 사는 이들에게 작게나마 울림을 전하고 싶다.

나의 작은 발걸음이 누군가의 삶에 스며들어, 보이지 않는 뿌리를 향한 따뜻한 마음을 피워낼 수 있기를. 나의 삶의 반경은 그렇게 넓어지고, 내가 진정으로 살아가는 기술은 그렇게 완성될 것이다.

Ⅳ부

기다림의 끝에서 피어난 사랑

14.

사진 속 눈빛

서랍 깊숙이 쌓인 물건들을 정리하다가 작은 상자 하나가 눈에 들어왔다. 먼지가 겹겹이 내려앉은 낡은 상자였다. 뚜껑을 조심스레 열자, 바람에 흩날린 듯한 오래된 사진들이 가지런히 놓여 있었다. 나는 그중 하나에 시선을 빼앗겼다.

손바닥만 한 액자 속에 들어 있는 사진이었다. 흑백으로 흐릿하게 남아 있는 사진 속에서, 사진관에서 찍은 듯 의자에 단정히 앉은 한 여인이 정면을 응시하고 있었다. 검은 댕기를 질끈 동여맨 머리, 초라한 옷차림. 그러나 그 눈빛만은 놀라울 만큼 강렬했다. 젊은 시절의 할머니였다.

내 기억 속의 할머니는 항상 굽은 허리로 마당을 쓸거나 부엌에서 장작불을 지피던 모습뿐이었다. 늘 숨죽여 일만 하시던 분, 그리고 웃을 때에도 크게 드러내지 않고 살짝 미소만 머금던 분.

그런데 사진 속 할머니는 달랐다. 마치 무언가를 지켜내겠다는 결의와 동시에, 사랑을 끝까지 품어내겠다는 따뜻함이 눈빛에 서려 있었다.

나는 그 사진이 들어 있는 액자를 홀린 듯 챙겼다.

세월이 흘러 나는 아버지가 되고 할아버지가 되었다.

젊은 시절에는 사진 속 할머니의 눈빛을 이해하지 못했지만, 세월이 흘러 내가 할아버지가 되고 손자를 키우면서야 조금 알 것 같았다. 그 눈빛은 누군가를 평생 동안 지켜주고 끝내 놓지 않겠다는 마음이었다.

어느 날 문득 그 사진이 떠올라, 나는 조용히 액자를 꺼내 들었다. 그런데 자세히 들여다보니, 액자 틀에 눌린 사진 한쪽 모서리에 할머니의 손이 무언가를 감싸안고 있는 듯한 모습이 희미하게 보였다. 이상한 마음에 액자 뒤판을 열어 사진을 꺼내보니, 사진은 오래전부터 아랫부분이 뒤쪽으로 접힌 채 끼워져 있었다.

나는 조심스레 접힌 부분을 펼쳤다. 사진 아래쪽에서, 할머니의 품에 안긴 어린 나와 마주했다.

그제야 할머니가 그런 눈빛으로 바라보던 대상이 나였다는 걸 알았다. 할머니는 언제나, 변함없이 나를 보고 계셨던 것이다. 밥을 짓고, 빨래를 하고, 힘겨운 농사일을 하면서도 눈길은 늘 나에게 닿아 있었던 것이다.

사진 속 눈빛을 오래 바라보는 동안, 나는 뒤늦은 후회에 사로잡혔다. 그토록 선명한 사랑을 바로 곁에 두고 살면서, 나는 왜 그것을 알아차리지 못했을까.

할머니가 내게 건네주던 밥그릇, 학교 갈 때 챙겨 주던 도시락, 밤마다 내 이불을 덮어 주던 손길이 다 그 눈빛의 연장이었다는 것을. 나는 한참이나 사진을 움켜쥔 채 움직이지 못했다.

밤이 되자 사진을 가슴에 안고 하늘을 올려다보았다. 도시는 여전히 분주했고, 사람들의 발걸음은 빠르게 흘러갔지만, 가장 소중한 것은 변하지 않는다는 것을 알았다. 흑백사진 한 장이 그것을 알려 주고 있었다. 사진은 색을 잃어도 눈빛만은 선명했다. 시간은 빛을 바래게 하지만, 사랑의 흔적만은 지울 수 없었다.

거울 앞에 섰을 때 나는 문득 놀랐다. 내 눈매 어딘가에 할머니의 표정이 숨어 있었다. 묵묵히 참아내던 눈빛, 주름진 이마, 말없이 감싸주던 미소가 내 얼굴 속에서 다시 살아나 있었다.

나는 알았다.
사진은 한 장일 뿐이지만, 그 눈빛은 내 삶에 스며들어 또 다른 사진이 되어 가고 있음을. 그날 이후 나는 그 사진을 작은 액자에 넣어 책상 위에 두었다. 아침마다 그 눈빛을 마주하며 하루를 시작한다. 할머니의 눈빛은 내게 묻는다.

"오늘은 어떻게 살겠느냐, 사랑을 미루지 않고 전할 수 있겠느냐."

나는 그 물음 앞에서 다짐한다. 오늘은 미루지 않고 사랑을 전하자. 말 한마디라도, 짧은 눈길 하나라도. 더 이상 '언젠가'라는 핑계로 시간을 흘려보내지 말자. 사진 속 눈빛은 내게 효의 다른 이름을 알려 주었다. 효란 거창한 제사나 큰 제물이 아니라, 살아 있을 때 눈을 맞추고 마음을 건네는 것임을. 작은 손길 하나, 짧은 웃음 하나가 바로 효의 씨앗임을. 나는 그제야 깨달았다.

그래서 오늘도 나는 손자의 눈을 똑바로 바라본다. 그 눈동자 속에 내가 비칠 때, 할머니의 눈빛이 다시 살아난다. 삶은 이렇게 이어진다. 사진 속 눈빛에서 내 눈빛으로, 그리고 손자의 눈빛으로.

나는 속으로 조용히 속삭인다.

"할머니, 그때는 몰랐습니다. 이토록 깊은 눈빛이었다는 것을. 하지만 이제야 알겠습니다. 제 안의 웃음 속에, 제 손자의 눈빛 속에, 여전히 당신이 살아 계십니다."

15.

솔 소주

젊은 날의 나는 언제나 바빴다. 낮에는 학교에서 아이들을 가르치고, 밤에는 대학원 강의실로 향했다. 월급의 대부분은 대학원 학비로 사라졌고, 남은 것은 피곤과 허기, 그리고 늘 미뤄둔 전화 한 통이었다. 나는 시골에 계신 할머니께 용돈 한번 제대로 드리지 못한 채, '조금만 더 나중에….'를 되뇌며 하루를 흘려보냈다.

그러던 어느 날, 병마와 싸우며 집에 누워 계신 할머니를 찾아뵈었다. 마른 손으로 내 손을 꼭 잡으시던 그 순간이 아직도 잊히지 않는다.

"이거, 네가 생각나서 담가 봤다."

그렇게 내 손에 쥐여 주신 것은 작은 솔 소주병 하나였다. 선

산의 소나무에서 꺾은 어린 순을 귀한 소주에 담가 만든 것이라 하셨다. 나는 그저 “감사합니다.”라는 말만 남기고 무심히 병을 가방에 넣었다. 그때는 몰랐다. 그 조그만 병 속에 당신 한평생의 정성과 사랑이 담겨 있었음을.

세월이 흐른 지금, 문득 생각한다.

그 술을 당신은 어떤 마음으로 준비하셨을까.

평생 자식과 손주 걱정으로 사시던 분이 그 비싼 소주를 어떤 돈으로 사셨을까. 아마도 손주가 힘들 때 마시라고, 몰래 아껴 두신 몇 푼을 모아 사두셨을 것이다. 그리고 그 소주에 직접 따오신 어린 순을 담가, 손주를 떠올리며 조용히 간직해 두셨을 것이다.

그 사실을 떠올리는 순간, 작은 솔 소주병 하나가 내 마음속에서 조용히, 그러나 눈부시게 빛난다.

지금의 나는 하루 종일 글을 쓰다가 지친 밤이면 가끔 모과주나 더덕주를 조금씩 마신다. 그 잔을 들 때마다, 할머니의 그 솔 소주가 떠오른다. 따뜻한 향기 속에 숨어 있던 당신의 손길, 그 한 모금의 온기 속에 내 삶의 뿌리가 조용히 숨 쉬고 있음을 느낀다.

언젠가는 나도 산에 올라 소나무 순을 채취해 직접 솔 소주를 담그고 싶다. 그 술을 할머니의 영전에 올리며 조용히 말씀드릴 것이다.

"이제야 그 마음을 알았습니다, 할머니. 당신의 술 한 병이 제 인생의 교과서였습니다."

늦은 깨달음은 늘 후회를 데리고 오지만, 나는 이제 그 후회를 감사로 바꾸려 한다. 당신이 내게 건네주신 그 작은 솔 소주병처럼, 나도 언젠가 누군가의 긴 하루 끝에 말없이 위로의 한 잔을 따라줄 수 있는 삶을 살고 싶다.

세상의 모든 사랑은 소리 없이 익어가는 솔 소주와 같다. 눈에 띄지 않지만, 그 안에는 깊은 향과 시간이 스며 있다. 그 사랑은 세월이 흐를수록 더욱 투명해지고, 진심의 향은 더 오래 남는다.

오늘도 나는 조용히 잔을 들며 마음속으로 속삭인다.

"할머니, 당신의 사랑은 아직도 제 안에서 따뜻하게 익어가고 있습니다."

16.

장손, 사랑을 잇는 자리

나는 사십 대, 오십 대에는 늘 바쁘게 살았다. 아이를 키우고, 일터를 지키고, 아프지 않으려 애쓰는 일만으로도 하루는 순식간에 저물었다. 그러나 일흔을 넘긴 지금, 마음속에 떠오르는 질문은 단 하나다.

'도대체 나는 무엇을 위해 살아왔는가?'

돈을 많이 번 것도, 이름을 널리 알린 것도 아니었다. 그럼에도 돌아보면, 나는 언제나 누군가의 곁을 지키며 살아왔다.

어린 시절 증조할머니 무릎에 기대어 잠들던 밤, 할머님의 한숨을 곁에서 듣던 어린 시절의 기억. 그분들은 이제 세상을 떠나셨지만, 그분들의 온기는 내 안에서 여전히 살아 숨 쉰다.

이제야 알았다. 남은 생을 ‘효(孝)’로 정리하는 것, 그것이 후대에게 남길 수 있는 가장 값진 유산이라는 것을.

나는 집안의 장손이었다. 제사 때 상을 차리고, 큰어른들 앞에서 먼저 인사하던 그 자리가 부담스러웠다. 그러나 세월이 흘러 알게 되었다. 장손의 이름은 ‘먼저 양보하고, 먼저 책임지고, 먼저 짐을 지는 사람’의 또 다른 이름이었다는 것을.

그래서 나는 돌아가신 어른들의 자리를 먼저 기억한다. 묵묵히 희생하신 증조할머니, 나직한 음성으로 나를 다독이시던 할머니, 그분들의 마음이 내 안에 효심으로 자라났다.

하지만 장손의 무게가 늘 달갑기만 했던 것은 아니다.

“넌 장손이니까 꼭 지켜야 해.”

어린 시절 무심코 던져진 그 한마디는 내 어깨 위에 얹힌 돌덩이처럼 무거웠다.

나는 도망쳤다. 학문을 핑계로, 일터를 이유로, 책임에서 조금이라도 멀어지고 싶었다. 그러나 결국 돌아올 수밖에 없었다. 증조할머니의 빈방, 할머니의 기침 소리, 그리고 내 안 깊은 곳에서 울리던 '책임감'의 목소리 앞에서 나는 다시 장손의 자리에 섰다. 이제는 그 이름이 부끄럽지 않다. 도리어 자랑스럽다.

이제 나는 안다. 장손의 길이란 단순히 제사를 잇는 자리가 아니라, 사랑과 책임을 대물림하는 자리라는 것을.

내 삶의 정리 또한 거기서부터 시작되었다. 뒤늦게 깨달은 효심을 자손들에게 남기고, 그들이 언젠가 자기 삶을 '책임감'으로 정리할 수 있도록 돕는 일. 그것이 내가 걸어온 길의 마침표이자, 다음 세대에게 건네는 가장 따뜻한 유산이다.

17.

그 새벽의 손길

새벽, 문틈 사이로 희미한 숨결이 스며들었다.

“영기야….”

병상에서 위중한 상태로 누워 계신 할머니가 옆방에서 힘겨운 목소리로 내 이름을 부르셨다. 그러나 나는 피곤함을 핑계로 듣지 못한 척 등을 돌리고 말았다.

그 부름은 지금도 귀에 남아, 오래된 죄를 일깨우는 종소리처럼 나를 흔든다. 그때 단 한 번이라도 손을 꼭 잡아드렸다면, 이렇게까지 후회하지는 않았을 것이다.

세월이 흘렀다. 그 새벽은 이제 오래된 기억이 되었지만, 그 목소리만큼은 내 안에서 한 번도 희미해지지 않았다.

"영기야."

그 한마디에는 한 생애의 사랑과 기도가 담겨 있었다.

이름을 부른다는 것은 그 사람의 전부를 건네는 행위라는 것을, 나는 너무 늦게 깨달았다. 그 후로 나는 내 이름을 떠올릴 때마다 그 새벽을 생각한다. 스스로를 다독이며 중얼거린다.

"잊지 말자. 그 손을, 그 부름을, 그 마음을."

그 죄책감은 후회가 아니라 기도가 되었고, 내 삶을 단단히 붙잡아 주는 하나의 다짐이 되었다.

* * *

도시의 복잡한 골목길을 걷던 어느 날이었다. 계단을 힘겹게 오르시는 한 할머니를 보았다. 나는 망설임 없이 다가가 그분의 손을 붙잡았다. 거칠고 따뜻한 온기가 손끝으로 번졌다. 순간, 오래전 할머니의 손이 겹쳐 보였다.

그 온기 속에는 세월을 건너온 사랑의 숨결이 있었다. 그때 깨달았다. 사랑은 과거에 머무는 기억이 아니라, 지금 이 순간에도 이어지고 있다는 것을.

며칠 전, 오래된 서랍에서 낡은 편지 한 장을 발견했다. 희미한 글씨로 이렇게 적혀 있었다.

“영기야, 다음 생에도 할미는 너를 꼭 찾아갈게. 그러니 이번 생에서는 외롭지 않게 살아라.”

나는 그 문장을 오래 바라보았다.

사랑은 떠나는 것이 아니라 찾아오는 것임을, 그때 비로소 알았다. 그날 이후 나는 누군가의 이름을 자주 부른다. 그 부름 속에 마음을 담고, 온기를 건넨다.

할머니께서는 내 이름을 부르시고 떠나셨지만, 나는 그 이름 속에서 지금도 살아간다. 누군가 내 이름을 불러줄 때마다 그 새벽의 따뜻한 손길이 다시 내 손 위에 얹히는 듯하다.

사람은 잊혀도, 이름은 남는다.

그 이름을 부르던 사랑이 내 안에서 여전히 살아 있기 때문이다. 그래서 나는 오늘도 조용히 기도한다.

"할머니, 그 새벽의 손길처럼, 저의 이름이 또 누군가의 마음을 따뜻하게 해주기를 바랍니다."

18.

사랑은 기다려주는 마음

가을바람이 논둑을 스치며 황금빛 잎사귀를 흩날렸다. 버스 창밖으로 스쳐 지나가는 들판은 이미 수확을 마친 뒤였다. 곳곳에 남은 볏짚이 바람에 흔들렸고, 그 속에 고향 냄새가 섞여 있었다.

나는 오랜만에 고향 마을 어귀에서 내려 골목길을 걸었다. 잡초가 무릎까지 자라 있었고, 오래 닫혀 있던 대문은 삐걱이며 열렸다. 그 소리 속에서 묘한 그리움이 번졌다. 그때, 어디선가 들려오는 듯한 목소리—

"식어 버린다, 어서 와서 먹어라."
"찬밥 말아 먹지 말고, 국 끓여 줄 테니 잠깐만 기다려라."

돌아가신 지 마흔 해가 훌쩍 넘었는데도 그분의 목소리는 집

안 공기 속에 아직 머물러 있었다.

거실 한쪽 구석, 오래된 밥상이 눈에 들어왔다. 짙은 갈색의 나무, 둥근 모서리, 그리고 수없이 긁힌 자국들. 기름때가 스며든 나뭇결, 제각각 색이 다른 네 다리. 그러나 그것은 단순한 가구가 아니었다. 그 밥상은 내 어린 시절의 한가운데에서 가족을 모으고, 마음을 익히던 작은 세상의 중심이었다.

나는 천천히 무릎을 꿇고 그 앞에 앉았다. 그 자세는 어릴 적 그때와 같았다. 눈을 감자, 김이 모락모락 오르던 된장국의 냄새, 숟가락을 불어 식히시던 할머니의 손길이 떠올랐다.

"밥은 꼭 뜨거울 때 먹어야 한다."
"국은 국물만 먹지 말고 건더기도 같이 떠먹어야 배가 든든하다."

그 목소리가 귓가에 속삭이듯 되살아났다. 나는 그때 왜 몰랐을까. 할머니께서 늘 먼저 젓가락을 들지 않으시던 이유를. 왜 내가 숟가락을 들 때까지 기다리셨는지를.

그 기다림 속에는 사랑이 있었다.

'네가 먼저 먹어야 나도 마음이 놓인다.'
그 마음을 이제야 헤아릴 수 있다.

벽장을 정리하다가, 손때 묻은 작은 수첩 하나를 발견했다. 바랜 표지, 흐릿한 글씨. 그 안에는 할머니의 일기가 적혀 있었다.

"영기야, 밥 잘 먹거라. 밥상머리에서 나를 꼭 기억하렴. 네가 잘 먹을 때가 나는 제일 행복했단다."

나는 한참 동안 그 문장을 바라보다가, 손끝으로 글자를 천천히 더듬었다.

다음 장에는 이런 기록들이 있었다.

"오늘 된장국이 좀 짰다. 미안하구나, 우리 애야."
"고기는 못 샀지만 계란은 삶아 두었다."
"내가 젓가락 들기 전에 먼저 먹는 네 얼굴이 그립구나."

글씨는 점점 흔들리고 비뚤어졌지만, 그 안의 마음은 단단했다. 그 수첩은 어릴 적 나와 함께 사시던 때부터 내가 도시로 떠난 이후까지 할머니께서 하루하루 써 내려가신 사랑의 기록이었다. 나는 숨을 고르며 그 글들을 읽어 내려갔다. 그 문장마다 된장국 냄새와 함께 할머니의 손길이 번졌다.

그날 밤, 나는 다시 그 밥상 앞에 앉았다. 낮은 상 앞에 무릎을 접고, 조용히 눈을 감았다. 그러자 희미한 기척이 느껴졌다. 할머니께서 내 앞에 앉아 국을 불어 식히시며 말씀하시는 듯했다.

"뜨거우니까 조심해라."

나는 조용히 대답했다.

"네, 이제는 알겠어요."

한동안 그렇게 앉아 있었다.
바람이 창틈으로 스며들고, 멀리서 개 짖는 소리가 들려왔다. 세상은 잠들었지만, 그 밥상 위에는 여전히 시간이 익어가고 있었다.

그날 이후, 나는 매 끼니마다 기도하듯 밥을 먹는다. 숟가락을 들기 전, 속으로 조용히 중얼거린다. '잘 먹겠습니다.' 대신

'할머니, 잘 계세요?'라고.

어느 날은 눈물 섞인 밥알을 삼키며,
어느 날은 수첩의 한 문장을 떠올리며.
그렇게 나는 밥 한 숟가락마다 할머니와 다시 만난다.

이제는 알았다. 사랑은 거창한 약속에서 오는 것이 아니다. 누군가의 밥을 챙겨 주고, 국을 식혀 주고, 내가 먹을 때까지 기다려주는 마음. 그 보잘것없는 일상 속의 기다림이 결국 한 사람의 삶을 지탱하는 힘이 된다.

낡은 밥상은 더 이상 쓰이지 않을지 몰라도, 그 위에 새겨진 손때 자국과 긁힌 흔적은 여전히 내 안에서 숨 쉬고 있다.

그리고 나는 믿는다.
언젠가 내 손주가 이 밥상 앞에 앉아 '할아버지, 잘 계세요?' 라고 속삭이게 되리라는 것을.

그 순간, 할머니의 미소가 또다시 우리 집을 환하게 비추리라.

제3장

세월이 가르쳐준 사랑

I부

돌아보지 못한 사랑

1.

이제야 나를 바라봅니다

그동안 외면해 온 시간들 앞에 서서, 나는 이제야 나를 돌아본다. 시간은 강물과도 같아, 흐르고 있다는 사실조차 잊은 채 살아가다 보면 문득 건너편 강가에 서 있게 되는 때가 있다.

그리운 할머니……!

이제야 무릎을 꿇고 "죄송합니다." 말하게 되었다. 그리고 세월의 무게만큼 깊게 파인 주름과 희끗희끗 날리는 머리카락을 떠올리며, 나는 할머니의 생을, 그리고 지금의 내 삶을 돌아본다.

젊은 날의 나는 '성공'이라는 두 글자에 눈이 멀어 앞만 보고 달렸다. 세상의 소음에 묻혀 당신 존재를 잊었고, 따뜻한 마음을 외면했으며, 주름진 손길과는 점점 멀어졌다. 성공이라는 허상에 갇혀 가장 소중한 것들을 놓쳐버린 어리석음이 부끄럽게 다가온다. 그때, 단 한 순간만이라도 곁에 머물렀더라면, 그 짧은 시간이 어떤 큰 지혜가 되었을지 이제야 깨닫는다.

할머니에 대한 글을 쓰기 시작하며, 나는 내 안에 숨어 있던 또 다른 나를 만났다. 손끝에서 흘러나온 단어들은 할머니와 나 사이에 쌓였던 긴 침묵을 조용히 깨웠다. 문장 하나하나가 잊고 지냈던 세월을 불러내고 조각난 기억들을 하나씩 이어 붙였다.

그 그림 속에서 나는 내가 얼마나 어리석었는지, 얼마나 소중한 순간들을 지나쳐왔는지를 알게 되었다.

나는 제일 큰 손자였다. 열 식구의 장손으로, 할머니는 나에게 기대와 희망을 담아 주셨다. 그 무게는 어느 순간부터 나를 짓누르는 짐처럼 느껴졌고, '효'라는 가치는 나의 마음을 옥죄는 속박으로 여겨왔다.

자유라는 명분 아래 할머니 사랑으로부터 등을 돌렸고 내가 가야 할 길을 고집하며 걸었다. 그 고집이 할머니께 얼마나 많은 상처를 드렸는지 지금에야 뼈저리게 깨닫고 있다.

이제야 나는 안다. '효'는 너무 늦기 전에 '하는 것'이 아니라,

늦었더라도 반드시 '되돌아가야 할 길'이라는 것을. 자신의 존재와 뿌리에 대한 감사와 사랑의 표현이며, 결국은 나 자신을 완성해 가는 근원이라는 것을. 그때 할머니가 심어주신 사랑의 씨앗은 오랜 세월 잠들어 있다가 마침내 내 마음속에서 조용히 싹을 틔우기 시작했다.

지금 이 글을 쓰는 순간, 나는 마음속으로 할머니께 돌아가고 있다. 다정한 미소와 따뜻한 손길이 내 영혼을 감싸 안고 있는 듯하다.

이 글은 할머니께 띄우는 나의 늦은 편지이며, 나의 첫 번째 '효'인 것이다. 당신의 희생과 사랑이 얼마나 고귀한 것이었는지 그리고 그 사랑이 지금의 나를 이루었다는 것을 비로소 알게 되었다. 그리고 이 마음이 할머니께 닿기를 간절히 바랄 뿐이다.

또한 이 글을 읽는 모든 이들이 자신을 있게 한 조상들의 사랑을 떠올리며 감사의 용기, 작은 실천의 효심을 오늘 하루라도 품게 되기를 간절히 바란다.

2.

늦게 핀 사랑의 향기

눈을 감으면 오래전의 손길이 되살아난다.

화로 앞에서 굳은 손으로 밥을 퍼 주던 분, 찬바람이 불면 내 옷깃을 여며주던 눈빛. 그 사랑이 나를 키웠지만, 나는 오랫동안 잊고 살았다.

젊은 날의 나는 앞만 보고 달렸다. 좋은 대학, 좋은 직장, 남들보다 나은 삶. 그 길이 전부라 믿었고, 뒤를 돌아볼 틈조차 없었다. 공부와 경쟁 속에서 나를 받쳐주던 기둥 같은 사랑을 무심히 지나쳤다.

군 복무를 마치고, 화려한 학교 이름을 달았을 때조차 내 마음 한구석은 늘 비어 있었다. 배운다는 것은 나를 세우는 일이라 믿었지만, 그 배움에는 나를 길러준 이들의 목소리가 없었다.

세월이 흘러, 할머니의 병환 소식을 듣고도 '나중에 가도 된다' 했던 그 방심이 영영 마지막 인사가 되어버렸다. 그날 이후, '다음에'라는 말이 얼마나 잔인한 거짓말인지 깨달았다.

며칠 전, 지팡이를 짚고 산책하다 작은 들꽃을 밟았다. 땅에 흩어진 꽃잎을 보는 순간 왈칵 눈물이 났다. 난 이유를 곧 알게 되었다.

"꽃도 밟지 마라. 다 숨 쉰단다."

밭둑길을 걸으며 하시던 그분의 목소리가 되살아났다. 그때는 그 말이 왜 중요한지 몰랐다. 아니, 알면서도 잊고 살았다.

들꽃 하나에도 숨결이 스며 있었음을, 그 안에 '고맙다, 사랑한다'는 마음이 피어 있었음을 이제야 깨닫는다. 돌이켜 보면 내 삶은 늘 '나중에'라는 말로 가득했다. 직장이 바쁘고, 아이 키우느라 시간이 없다면서 "이번 달만 지나면 시간 좀 나요." 하며 효를 미뤘다.

그러나 할머니는 기다린다는 말조차 남기지 않고 조용히 떠나셨다. 묘소 앞에 서면 후회가 파도처럼 몰려온다.

이제야 깨닫는다.

성공이란 남들보다 앞서는 것이 아니라 나를 있게 한 이들의 은혜를 잊지 않는 마음이라는 것을. '효'란 먼 훗날의 큰 제사가 아니라, 오늘의 한마디와 작은 손길 속에 있다는 것을.

그래서 나는 지금, 그때 하지 못한 고백을 글로 쓰고, 강단에서 전한다. 아이였던 시절 나를 감싸주던 사랑을 이야기하며 그 숭고한 희생이 어떤 모습이었는지 세상에 나눈다.

나는 내 아이들에게 말한다.

"사랑한다, 네 덕분에 잘 산다."

할머니께 드리지 못한 말을 이제라도 전하고 싶다.

인생은 잠시 머무는 여정이다. 웃고, 걷고, 사랑하며 지금 이 순간을 따뜻하게 건네는 것이 행복한 삶이다. 꽃은 떨어지고 나서야 향기의 소중함을 느끼고, 손은 비워지고 나서야 그 손길을 그리워하게 된다.

남은 날의 나는, 그때 몰랐던 사랑을 내 손으로 전하며 다시 누군가의 뿌리가 되고자 한다. 그것이 내가 받은 사랑을 세상에 돌려주는 가장 아름다운 길이기 때문이다.

3.

10분이면 충분했을 텐데

나는 서울역 플랫폼에 혼자 서 있었다.

달리는 열차의 굉음이 지나가고도 한참이 지났는데, 가슴속에서는 아직도 전화벨 소리가 멈추지 않는 것만 같았다.

"할머니가 위독하셔."

고향에서 온 고모의 전화는 늘 그렇듯 무심한 듯 담담했지만, 이번에는 그 말이 칼처럼 가슴을 찔렀다.

전날 밤 회식으로 늦게 귀가한 나는, 다음 날 늦은 아침에서야 밥을 먹고 있었다. 그때 걸려온 전화를 받고 정신없이 짐을 챙겨 기차에 몸을 실었지만, 이미 시간은 너무 늦어 있었다. 할머니는 새벽 네 시 무렵 조용히 눈을 감으셨다고 했다.

"어제도 영기 이름 부르셨대. 계속…."

고모의 말이 귓가를 쳤다.

할머니가 사시던 곳의 마당에선 장미꽃 향이 은은하게 흩날리고 있었다.

나는 할머니를 모셔둔 방으로 가기 전, 먼저 할머니가 생전에 쓰시던 방에 들렀다. 작은 방 한쪽, 이불 위에 접힌 보자기와 약 봉투 몇 개, 그리고 노랗게 바랜 수첩이 놓여 있었다. 나는 수첩을 펼쳤다. 수첩 한 페이지에는 삐뚤빼뚤한 글씨로 단 한 문장이 적혀 있었다.

"영기야, 10분만 봐도 좋겠다."

그 순간, 나는 무너져 내렸다.
고작 10분이라니.
그동안의 10번의 거절과 10번의 침묵이 한꺼번에 떠올랐고, 그 시간들이 모두 내게 되돌아와 가슴을 찔렀다.

그저 10분이면 되었을 것이다.

손 한 번 잡고, 눈 한 번 마주치고,
죄송하다고, 사랑한다고 말할 시간.

그러나 그 10분은 끝내 내게 오지 않았다.

나는 할머니의 마지막 10분을 자꾸 상상했다. 이불을 꼭 쥔 손, 입술 끝에 맺힌 말, 가쁜 숨결, 그리고 그 방 안 어딘가에서 나를 부르고 있었을 "영기야…" 하는 목소리.

며칠 뒤, 나는 다시 서울역에 있었다. 이번에는 기차를 타지 않았다. 그냥 플랫폼 끝 벤치에 앉아, 멍하니 지나가는 기차들을 바라봤다. 두 손을 모아 무릎 위에 올려놓고, 입술을 열었다.

"할머니… 그 10분… 제가 드릴 수 있었는데… 왜 그땐 몰랐을까요."

말끝이 떨렸고, 눈가에 뜨거운 것이 고였다.
그리고 그 순간, 바람이 살짝 불어와 손등을 스쳐 갔다.
마치 누군가, 말없이 내 손을 다정히 잡아주는 것 같았다.

II부

기다림의 마음, 이어지는 사랑

4.

기차보다 먼저 온 사랑

초등학교 수학여행을 마치고 전주역에 도착하던 날, 기차 창 밖으로 손을 흔드는 사람들 속에서 낯익은 얼굴을 발견했다. 논일을 미루고 먼 길을 올라오신 할머니였다. 할머니는 머리에 흰 수건을 두르고, 작은 보따리를 들고 계셨다. 그 안에는 삶은 달걀과 도시락, 그리고 내 몫의 사랑이 들어 있었다.

나는 그 순간 얼어붙었다. 친구들이 옆에 있었고, 선생님이 우리를 인솔하고 있었다. 나는 창피하다는 생각에 고개를 돌렸다. 기차에서 내릴 때조차 다가가지 못했다. 할머니의 손이 허공에 잠시 머물렀다가 힘없이 내려가는 것을 보면서도, 나는 고개를 숙였다.

수십 년이 흘렀지만, 그 기억은 사라지지 않았다. 지금도 가끔 기차역에 서면, 군중 속에서 흰 수건을 두른 모습을 찾는다.

그분은 이미 세상에 없지만, 내 마음속에는 여전히 기차보다 먼저 도착해 서 계시는 모습으로 남아 있다. 그때는 몰랐다. 기다림이야말로 사랑의 또 다른 이름이라는 것을. 그리고 나는 그때의 멈춤을 평생의 회한으로 안고 살아간다. 효는 거창한 것이 아니었다. 그저 마중 나온 이에게 다가가 손을 잡아주는 일이었다. 나는 그 단순한 응답을 하지 못했다.

증조할머니 또한 늘 그랬다. 농사일을 마친 저녁이면 지친 몸으로도 마루 끝에 앉아 내 이름을 부르셨다. 흙 묻은 손으로 머리를 쓸어주던 그 손길, 작은 손으로 건네던 엿 한 조각, 그 모든 것이 지금의 나를 길러낸 사랑이었다.

가난했던 시절, 두 분의 삶은 언제나 모자랐지만 그 모자람 속엔 따뜻함이 있었다. 당신들은 주면서도 받는 법을 모르셨고, 손끝이 닳도록 베풀면서도 '봉사'라는 말을 몰랐다. 그 사랑이 있었기에 오늘의 내가 있다.

나는 그 마음을 너무 늦게 깨달았다. 효란, 떠난 뒤에 후회하는 일이 아니라, 살아 있을 때 손을 먼저 잡는 일이라는 것을 이제야 비로소 안다.

노년이 된 지금, 나는 기다리는 자가 되었다.

아들과 손자가 타고 올 기차를 맞이하기 위해, 나는 일부러 일찍 역에 도착한다. 누군가 나를 찾기도 전에, 먼저 플랫폼에서서 고개를 길게 뻗는다.

열차가 도착하면 사람들은 쏟아져 나오고, 두 눈을 크게 뜨고 그 속에서 손자를 찾는다. 손자가 내 이름을 부르며 달려올 때, 가장 먼저 팔을 벌린다. 그 순간, 오래전 외면했던 그 손길이 떠오른다. 나는 부끄러운 기억을 이렇게 조금씩 지워간다.

기다림은 고단한 일이다. 때로는 허무할 때도 있다. 그러나 사랑은 늘 기다림의 모습으로 온다. 할머니가 그러셨듯이, 이제는 내가 그 차례를 내 삶에서 이어간다. 그리고 다짐한다. 열차보다 먼저 도착하는 사랑, 그 기다림이 내 손자의 기억 속에서 또 다른 그림자로 남기를 소망한다.

사랑은 기다림으로 완성되고, 효는 그 기다림을 행동으로 옮기는 일이다. 두 분이 내게 남긴 가르침은 '기다릴 줄 아는 마음이 가장 큰 사랑'이라는 것이었다.

그래서 나는 오늘도 작은 실천을 다짐한다.

먼저 안부를 묻고,
먼저 손을 내밀고,
먼저 '고맙습니다'라는 말을 건네자.

그 말 속에 두 분의 마음이 살아 숨 쉬고, 그 숨결이 내 아이와 손자에게 이어질 것이다.

언젠가 할머니를 다시 만나게 된다면 나는 미소 지으며 말하고 싶다.

"이제야 알 것 같아요. 사랑은 기차보다 먼저 도착하는 마음이었다는 것을."

기차보다 먼저 도착하는 사랑,
그것이야말로 세대를 잇는 가장 아름다운 효의 이름이다.

5.

할머니보다 나이 많은 손자

믿기지 않는다. 내가 일흔넷이 되었다는 사실도, 내 나이가 당신이 세상을 떠난 일흔넷이 되었다는 사실도.

어릴 적, 당신 품에서 잠들던 나는 세월이 이토록 빠르게 흘러 '할머니보다 나이 많은 손자'가 될 줄은 차마 상상조차 못했다.

오늘은 당신이 떠나신 지 꼭 마흔 해째 되는 날.
익산(益山) 영모묘원(永慕墓園)에서 열린 유골 봉안식(奉安式)은 더없이 조용했다. 바람도 말을 아끼는 듯했고, 낮은 햇살이 묘역의 흙빛 위로 조용히 흘렀다.

당신이 품고 키운 손자가 이제는 당신의 유골함을 품고 있었다. 사랑과 그리움, 후회와 회한이 뒤섞인 마음으로 나는 당신의 유골함을 조심스레 옮겼다. 무겁지도 않은 그 함을 안고 나는 소리 없이 울었다.

그 속엔 어린 날의 나와, 밤새 불을 지피며 나를 키워낸 당신의 손길이 함께 있었다. 사람답게 자라라며 한겨울에도 내 이불을 먼저 덮어주시던 그 손, 나는 그 은혜를 한 번도 갚지 못했다.

살아 계실 땐 한 번도 마음껏 안아드리지 못했다. 잔소리라 여겨 짜증만 냈고, 한 번도 따뜻한 밥 한 그릇 함께 드시자고 청하지도 못했다.

이제야
손으로는 유골함을,
가슴으로는 후회를 껴안는다.

꿈에 가끔 당신이 나타난다. 어른이 된 내가 거칠어진 손으로 당신의 손을 감싸면 당신은 말없이 웃으며 "이젠 네가 따뜻한 손이 되어야지." 하고 속삭이신다.

아침에 눈을 뜨면 그 꿈이 얼마나 큰 선물인지 새삼 깨닫는다. 당신의 사랑이 내 안에서 여전히 살아 숨 쉬고 있음을. 내가 누군가에게 '효'의 이야기를 전할 수 있는 것도 당신이 나를 품어주셨기에 가능한 일임을 안다.

당신의 손은
한 조각의 떡을 쥐여 주시던 손이었고,
한 줌의 사랑을 담아 주시던 손이었다.
물질보다 귀한 삶의 본질을 몸으로 가르쳐주시던 손이었다.
그 손이 나를 만들었고, 그 사랑이 나의 뿌리가 되었다.

나는 이제 그 사랑에 보답하듯, 당신이 그토록 바라던 사람답고 따뜻한 삶을 살겠다고 다짐한다. 매일을 새롭게, 후회 없이 살겠다고 각오한다. 이제는 할머니보다 나이 많은 손자가 당신을 향한 인간적인 '효'를 실천하는 시간으로 살겠다고 약속한다.

언젠가 이 세상을 떠날 날이 오면, 저 하늘나라에서 손자와 할머니로 다시 만나 따뜻이 안기고 싶은 마지막 소망이 있다.

당신이 내게 보여주신 그 사랑, 그 삶, 그 깊은 희생을 잊지 않겠다고 다짐한다. 이 작은 깨달음이 누군가의 마음에도 닿아 조용한 '효'의 불씨로 살아나기를 간절히 소망한다.

6.

방 하나의 무게

어린 시절, 나는 종종 이런 질문을 들었다.

"너희 할머니 요즘 어디 계시니?"

그러면 나는 무심코 대답했다.

"아마… 고모네나 친척집에…."

그 대답은 그때의 나와 어른들에게 모두 당연한 말로 받아들여졌다. 그러나 지금 돌이켜 보면, 그 문장은 너무도 잔인했다. 나는 돌아갈 방이 있었지만, 할머니에게는 끝내 자기 방이 없었기 때문이다. 친척집 구석방, 다락방, 헛간 옆의 작은 방을 옮겨 다니며 할머니는 늘 남의 집에 사셨다. 사람들은 늘 "며칠만 계세요."라고 말했고, 그 한마디가 할머니의 다음 주소가 되었다.

할머니는 작은 보따리에 홑이불 하나를 넣어 다니셨다. 짐이라고는 그것뿐이었다. 머무는 곳이 바뀔 때마다 그 보따리도 함께 옮겨졌다. 어디에도 자리 잡고 풀어둘 수 없었다. 할머니는 보따리에 보이지 않는 마음까지 꼭 접어 넣어야 했다.

그때의 나는 그게 얼마나 쓸쓸한 일인지 몰랐다. 정말 며칠만 머무르면 되는 줄 알았다. 조만간 할머니에게도 다시 돌아갈 집이 생길 거라 믿었다. 하지만 그 '며칠'은 해를 넘기고 또 넘겨, 결국 할머니 생의 마지막까지 이어지고 말았다. 마지막까지 할머니가 누우셨던 곳은, 남의 집 한편의 방이었다.

내 나이 서른다섯 살 때, 처음으로 집을 사 이사하던 날. 벽지를 손끝으로 쓸며 "이제 내 집이다."라는 말을 중얼거렸다. 그 순간, 할머니가 떠올랐다. 평생 '내 방'이라 부를 수 있는 공간을 가져본 적이 없었던 분. 늘 남의 집 물건에 흠집 낼까 조심하며 몸을 작게 말고 주무셨던 모습. 그 기억이 벽지보다 더 선명하게 다가왔다.

나는 너무 늦게야 깨달았다.

방 하나가 사람의 마음을 얼마나 지켜주는지. 내겐 당연했던 '내가 잠들어도 될 공간'이, 할머니께는 끝내 허락되지 않았다는 것을. 그 사실이 가슴에 무겁게 내려앉았다.

지금 나는 한 집의 가장이 되었다. 사는 집은 넓지 않다. 그러나 창이 있고 문이 있고, 무엇보다 나는 누군가를 기꺼이 맞아들일 방을 가지고 있다. 가끔 친척이나 손님이 우리 집에 며칠 묵을 때면, 나는 기꺼이 방 하나를 내어준다. 그 순간마다 마음속에서 오래된 기억이 겹쳐진다.

이 집에 머무르는 사람이 눈치 보지 않고, 기침 한번 마음 놓고 할 수 있도록 해주고 싶다. 그것이 내가 할머니께 드리지 못한 최소한의 효라는 생각이 든다.

아들과 손자에게도 가르쳐 주고 싶다. 사람에게 가장 먼저 필요한 건 잠잘 곳이라는 것을. 밥보다, 옷보다, 한 칸 공간이 주는 위로가 얼마나 큰지. 할머니의 생애가 내게 남긴 가장 큰 가르침이 바로 그것이다.

나는 지금도 종종 꿈에서 할머니를 본다. 어둠 속에서 작은 보따리를 들고 계신 모습. 그 앞에서 나는 무릎을 꿇고 말한다.

“할머니, 이제는 제가 지붕이 되겠습니다. 이번엔 당신이 마음 놓고 주무실 수 있는 방을 드리겠습니다.”

방 하나의 무게는 생각보다 크다. 그것은 단순한 공간이 아니라, 존엄이자 사랑의 그릇이다. 나는 그 방을 지켜드리지 못했다. 그러나 이제는 누군가에게 그 방이 되어 주고 싶다. 그것이 내가 배운 효의 또 다른 이름이다.

7.

그릇에 담긴 사랑

어릴 적 우리 집 부엌은 언제나 사람 냄새로 가득했다. 겨울이면 아궁이 불이 활활 타올라 방까지 훈기를 데웠고, 여름이면 땀을 훔치며 부엌을 지키던 할머니가 계셨다. 밥은 언제나 제때에 차려졌고, 국은 늘 김을 올리며 식탁 위에 놓였다. 나는 그 모든 것을 당연한 풍경으로 여겼다. 밥은 밥솥에서 저절로 나오고, 반찬은 식탁 위에 스스로 차려지는 줄 알았다.

그러나 그 풍경 뒤에는 늘 할머니가 있었다. 큰 식구들의 끼니가 지나가고 나서야 마지막으로 상 끝에 앉으셨다. 묵은지 몇 조각과 간장 한 숟가락으로 허기를 달래시는 모습은 내 눈엔 그저 소박한 식사처럼 보였다. 어린 나는 그 장면의 의미를 헤아리지 못했다. "애들만 배부르면 됐다." 하시던 목소리를, 단순한 습관쯤으로 받아들였다.

어느 날, 방과 후 늦게 집에 들어섰을 때 부엌 구석에서 혼자 식사하고 계신 할머니의 모습이 눈에 들어왔다. 희미한 불빛 아래 앉은 뒷모습은 왠지 쓸쓸해 보였고, 삐걱거리는 상다리가 위태롭게 흔들리고 있었다. 그때 나는 아무 말도 하지 않았다. 물 한 잔도 건네지 못하고, 그저 조용히 지나쳤다. 그 장면이 오래도록 마음에 남은 것은 한참 뒤의 일이었다.

* * *

세월이 흘러, 나는 도시로 나와 공부하고 일하며 바쁘게 살아갔다. 고향은 마음 한편에 두었지만 발길은 뜸해졌다. 그러던 어느 날, 전화를 통해 들은 소식은 내 삶을 단번에 무너뜨렸다. "할머니 돌아가셨어…."라는 말은 내 가슴을 비워내는 듯했다.

장례를 치르고 집 안을 정리하던 중, 찬장 구석에서 낡은 국그릇을 발견했다. 바닥은 닳아 희미했고, 옆에는 누렇게 바랜 쪽지 한 장이 붙어 있었다.

"네가 좋아하던 그릇이다. 다음엔 따뜻한 국 끓여줄게."

나는 그 자리에 주저앉아 오래도록 울었다. 어린 시절 외면했던 장면들이 한꺼번에 밀려왔다. 식은 밥, 삐걱대던 상다리, 혼자 밥을 드시던 작은 뒷모습. 그릇 하나에 담긴 사랑은 말로 다 할 수 없을 만큼 컸고, 나는 그 사랑을 제대로 받들지 못했다.

노년이 된 지금, 매년 제삿날마다 부엌에 선다. 쌀을 씻고, 국을 끓이고, 묵은지를 썰어 상을 차린다. 처음에는 단순한 의례라 생각했으나, 시간이 지날수록 그것은 회개이자 감사가 되었다. 내 손끝에서 다시 차려지는 음식은 단지 제사의 형식이 아니라, 할머니께 드리지 못한 답장이자 나 자신에게 하는 다짐이 되었다.

나는 할머니의 사진 앞에 앉아 늘 같은 말을 건넨다.

"할머니, 이번엔 식지 않았어요. 제가 먼저 준비했어요."

그 말씀을 드릴 때마다 내 마음의 빈자리가 조금은 채워진다. 비어 있는 듯 보이는 그릇은 사실 늘 가득 차 있다. 거기엔 사랑이 넘치고, 기억이 피어오르며, 후회와 감사가 함께 있다.

나는 이제 안다. 효란 단지 받는 것이 아니다. 받았던 사랑을 다시 전하는 것, 그게 진정한 효다. 그래서 오늘도 밥상을 차린다. 나의 아들에게, 손자에게, 그리고 세상을 떠난 이들에게도. 작은 밥상 하나에 담긴 마음이 누군가에게 따뜻한 위로가 되길 바라며, 나는 내 삶의 끝까지 이 밥상을 차릴 것이다.

Ⅲ부

시간의 거울, 사랑의 유산

8.

시간은 생명의 이름으로 흐른다

사람이 세상을 떠날 무렵, 가장 많이 남기는 말이 세 가지라 한다.

"더 많이 베풀걸."
"조금만 더 참을걸."
"좀 더 행복하게 살걸."

이 말들은, 지나온 길을 되돌아보는 지금의 나에게도 조용한 파문처럼 다가온다. 남은 날들을 어찌 써야 할지, 그 방향을 속삭여 주는 듯하다.

서양에서 전해 내려오는 한 유명한 이야기는 삶의 본질을 아주 짧은 순간 속에 응축해 보여준다.

주인공은 젊고 총명한 학자였다.

박사 학위 심사를 통과하고, 논문은 극찬을 받았고, 장밋빛 미래가 눈앞에 펼쳐져 있었다. 그러나 청천벽력 같은 소식이 떨어졌다.

"당신의 남은 생명은 단 15분입니다."

5분이 흘렀을 때, 억만장자인 삼촌의 유산을 물려받게 되었다는 전보가 왔다.

10분이 남았다. 또 하나의 전보가 도착했다. 그의 논문이 '올해의 최우수 논문상'을 받았다는 내용이었다.

5분이 남았다. 그토록 기다렸던 연인으로부터의 결혼 승낙 소식이 도착했다.

그러나 그 무엇도 그를 죽음에서 구하지는 못했다. 시간은 단 한 번도 멈춰주지 않았다. 그토록 귀하고 원하던 것들이 죽음 앞에서는 허무하게 무너져 버렸다.

이 연극은 결국 우리 삶을 비추는 거울이다. 청춘의 꿈을 좇느라 정신없이 달리다 보면, 어느새 머리가 희어지고, 마음은 공허에 흔들릴 때가 있다. 그제야 비로소, '진짜 중요한 것'이 무엇인지 알아차리지만 모든 것은 이미 저만치 흘러가 버렸다.

로마의 철학자 세네카는 말했다.

“인간은 시간이 부족하다고 불평하면서도, 마치 시간이 무한한 것처럼 살아간다.”

참 맞는 말이다.

나는 지금 칠십 대 후반, 세월이 두려울 만큼 빠르다는 걸 뼈저리게 느낀다. 그리고 깨닫는다. 시간은 되돌릴 수도 없고, 누구에게서도 빌릴 수 없는 생명이라는 것을.

지금 이 순간에도 흐르는 세월은 내게 묻는다.

“무엇을 가장 아껴야 하는가?”

나는 안다. 그 답은 내 유년의 마루 끝에서부터 있었다. 나를 품에 안아주던 증조할머니, 밥을 양보하고 웃음까지 건네던 할머니. 그분들의 시간은 나를 위해 흘러갔건만, 나는 그 시간을 함께 나누지 못했다.

두 분께
조금만 더 함께했더라면,
조금만 더 따뜻하게 안아드렸더라면,
조금만 더…….

이제라도 늦지 않았다 믿고 싶다. 후회로만 남기지 않기 위해, 남은 날들은 더욱 귀히 여기며 나는 베풀고, 참고, 기꺼이 사랑하며 살아가리라.

그리고 마지막 순간에, 조용히 이렇게 말할 수 있기를.

"나는 내 시간을 소중히 살았습니다.
그리고 사랑하며 살았습니다."

9.

놋그릇에 담긴 세월

우리 집 찬장 깊은 곳에는 오래된 놋그릇이 있다. 빛바랜 황금빛, 군데군데 거칠게 파이고 누렇게 닳아 있다. 누군가는 그것을 낡은 쇠붙이라 부르겠지만, 내게는 세상의 그 어떤 보석보다 귀하다.

어릴 적 할머니는 제삿날이면 그 놋그릇을 꺼내 정성스레 닦으셨다. 놋그릇에 밥을 담고, 국을 푸고, 추석 땐 송편을 올리던 그 손길은 언제나 조용했다. 나는 그저 밥을 받아먹는 아이였을 뿐이다.

그러나 지금 돌이켜 보니, 그 그릇 안에 먼저 있던 건 음식이 아니라 마음이었다. 묵묵히 가족을 지탱한 손길, 보이지 않게 이어지던 사랑이 거기에 있었다.

세월이 흘러 할머니가 떠나신 뒤, 그 그릇들은 찬장 속에서 먼지를 뒤집어쓰고 있었다. 나도 한동안 잊고 살았다. 그러다 어느 날, 문득 꺼내 들어보았다. 손끝에 닿은 차가운 감촉은 단순한 쇠붙이가 아니었다. 거칠어진 표면마다, 할머니의 손마디와 주름이 함께 새겨져 있었다. 그 순간 나는 울컥했다. 내가 먹었던 밥 한 공기의 무게가, 사실은 할머니 삶의 무게였다는 것을 비로소 깨달았다.

후회가 밀려왔다. 어릴 적 나는 그 놋그릇이 촌스럽다며 밀쳐놓곤 했다. 친구들 앞에서 창피하다며 다른 그릇을 찾던 기억도 있다. 그러나 이제 와서 나는 안다. 내가 외면했던 그 그릇은 사실 사랑을 담던 가장 귀한 그릇이었다는 것을. 식은 밥보다 먼저 남아 있던 건, 식지 않은 마음이었다는 것을.

그래서 오늘도 나는 그릇을 꺼내 물에 담가 조심스레 닦는다. 그 무게는 여전히 묵직하다. 단순히 쇠의 무게가 아니라, 세월과 후회가 담긴 무게이기 때문이다.

이제 나는 할아버지가 되어 밥상을 차린다. 손주가 "할아버지, 이 그릇은 왜 아직도 있어요?"라고 묻곤 한다. 나는 잠시 멈추었다가 이렇게 대답한다.

"이건 네 뿌리가 담긴 그릇이야."

그러면 손주는 조심스럽게 그 그릇을 어루만지고, 때때로 직접 닦기도 한다. 나는 그 모습을 보며 안다. 사랑은 말로 전해지는 것이 아니라, 이렇게 손에서 손으로 이어진다는 것을.

언젠가 손주가 자라 또 다른 세대에게 이 이야기를 전할 것이다. 그때 그 놋그릇은 다시 밥을 담을 것이다. 단순한 그릇이 아니라, 세월과 사랑을 이어주는 조용한 유산으로.

나는 다짐한다. 찬장 속 닳아버린 이 놋그릇을 함부로 버리지 않으리라. 이 그릇을 꺼낼 때마다, 나는 할머니의 목소리를 듣는다.

"밥은 배를 채우지만, 그릇은 마음을 담는다."

그리고 언젠가 할머니를 다시 만나면 꼭 말씀드리고 싶다.

"그때 그 놋그릇에 담아주신 밥으로 제가 살아왔습니다. 이제는 제가 따뜻한 밥을 담아드리겠습니다."

10.

그늘 아래 핀 꽃

마음의 문을 열면, 가장 먼저 마당이 보인다. 그 마당 한가운데서 무릎 꿇고 앉아 무언가에 열중하는 할머니와 그 옆에 고사리 같은 손으로 흙을 파는 내가 있다. 할머니는 허리를 곧게 펴고, 깊은 주름이 새겨진 손으로 고추 씨앗을 심고 계셨다.

그 손은 세상의 모든 흙을 다 만져본 것처럼 거칠었지만, 내 손을 잡아주실 때면 한없이 부드러웠다. 마당 끝에는 증조할머니가 앉아 낡은 짚신을 만들고 계셨다. 말수가 적으셨던 증조할머니는 그저 멀리서 우리를 지켜보셨다. 그분의 눈빛은 언제나 따뜻한 햇살 같았다.

밤이 되면 나는 할머니 무릎을 베고 누워 별을 세곤 했다.

할머니는 별자리를 하나씩 짚어 알려주시며 이야기보따리를 풀어놓으셨고, 그 이야기들은 내 머리맡에서 은하수처럼 조용히 빛났다.

두 분의 삶은 한 편의 오래된 시와 같았다. 화려한 수사도, 격정적인 감정도 없었지만, 그 시구 하나하나에는 깊은 사랑과 희생의 언어가 담겨 있었다. 할머니의 땀방울이 고추 씨앗을 싹 틔우는 물이 되었고, 증조할머니의 묵묵한 뒷모습이 그 마당을 지키는 든든한 그늘이 되어주셨다.

철없는 나는 두 분의 삶을 당연하게 여겼다. 할머니가 끓여주신 된장국도, 증조할머니가 곱게 개어주신 옷가지들. 그 모든 것들이 그저 나의 몫이라 생각했다. 세상이 넓다는 것을 알게 되면서 나는 더 큰 꿈을 좇아 그 마당을 떠났다. 뒤돌아보지 않았다. 앞으로 나아가기에 바빴고, 돌아갈 시간을 잃어버렸다.

할머니와 증조할머니는 그 마당 끝에서 무심히 떠나버린 나를 기다리셨을 것이다. 그 기다림이 얼마나 길고 외로우셨을까. 이제야 그 무게를 헤아린다.

한참의 시간이 흐른 뒤, 나는 두 분의 사진을 마주하고 앉았다. 흑백사진 속 미소는 여전히 온화했다. 그 미소를 보며 깨달았다. 내가 지금 걷고 있는 이 길, 내가 누리고 있는 이 삶이 바로 두 분의 희생과 헌신으로 닦인 길이라는 것을. 한 방울의 물도 허투루 쓰지 않으셨던, 한 톨의 쌀도 아껴 밥상에 올리셨던 그분들의 고단한 삶이 바로 나의 뿌리가 되었다. 그 뿌리 덕분에 나는 푸른 잎을 틔우고, 튼튼한 줄기를 뻗어낼 수 있었다.

우리가 살아가는 세상은 수많은 이름 없는 희생들로 이루어져 있다. 이름 없는 들꽃처럼 조용히 피었다가 진 그분들의 삶이 있었기에, 오늘의 우리가 존재한다. 우리는 그들의 희망이자 결실이다. 이제는 그분들을 기억하며, 그분들의 삶을 감사하며 살아가야 한다. 두 분이 보여주신 사랑의 온기로, 나의 삶을 더 따뜻하게 채워나가야 한다.

늦은 밤, 창밖을 본다. 마당의 흔적은 사라졌지만, 그 위로 달빛이 조용히 내려앉는다. 저 달빛은 두 분의 온기였을 것이다. 내 삶의 그늘을 밝혀주었던, 그 깊고 조용한 사랑. 이제 나는 그 사랑을 기억하고, 그 사랑을 이어가는 삶을 살아가려 한다.

11.

굽이진 세월, 굽히지 않은 사랑

어느 날, 서랍 깊은 곳에 넣어두었던 빛바랜 사진첩을 펼쳐 보았다. 사진 속에는 노년 시절의 할머니가 있었다. 고단한 삶의 흔적이 여실히 드러나는 모습이었지만, 당신의 얼굴에서는 묵묵히 세월을 견뎌온 강인함이 느껴졌다. 한복 치마와 저고리를 단정히 입은 모습 아래로, 깊게 팬 이마 주름과 굳은살이 박인 손에 스며든 세월의 흔적이 한눈에 보였다. 그 사진 한 장만으로도 할머니의 인생이 한마디로 '고난'이었다는 것을 짐작할 수 있었다.

일제강점기, 해방, 그리고 6.25 전쟁. 수많은 시대의 소용돌이 속에서 당신은 한 가정을 지키기 위해 온몸으로 버텼다. 배고픔과 추위, 공포와 상실이 켜켜이 쌓인 시간 속에서도 당신은 단 한 번도 자신의 삶을 원망하지 않았다.

나는 궁금하여 조심스럽게 여쭤본 적이 있다.

"할머니, 그때 힘들지 않으셨어요?"

할머니는 고단했던 시절을 회상하며 덤덤히 말씀하셨다.

"그땐 다 그랬어. 힘들어도 다 사는 게 그런 거지."

그 한마디에 얼마나 많은 이야기가 담겨 있었을까. 그저 '힘들었다'고만 하기에는 너무나도 버거운 세월이었을 것이다.

감자밥과 시래기죽, 고구마로 허기를 채우던 시절. 배를 곯고 손발이 트고 터져도 오직 가족을 위해 이를 악물고 견뎠다. 가족들의 배를 채우기 위해 자신은 허기진 배를 부여잡고 물로 허기를 달랬던 당신의 모습이 선연하게 떠오른다.

그러나 그 시절을 말하는 할머니의 눈빛에는 후회나 원망이 아닌, 깊은 사랑과 책임이 담겨 있었다. 고된 인생이었지만, 자식과 손자들이 잘 자라주는 것이 당신에게는 가장 큰 기쁨이었다. 가난 속에서도 가족을 지키기 위해 모든 것을 바친 한 여성의 숭고한 희생이었고, 그 모든 순간을 견디게 한 것은 바로 사랑이었다.

할머니가 살아온 길을 곱씹어 보면, 그 길은 결코 평탄하지 않았다. 그러나 당신은 누구보다 강한 사람이었다. 굽이굽이 눈물겨운 가시밭길을 걸어오면서도, 단 한 번도 자신의 삶을 원망하지 않고 오히려 사랑으로 그 길을 닦아주셨다.

이제는 무거운 짐을 다 내려놓으시고, 저세상에서는 부디 편안하시길. 나는 오늘도 하늘을 바라보며, 할머니의 굽히지 않았던 삶과 그 속에 담긴 깊은 사랑을 떠올린다. 그 사랑의 흔적은 내 삶 가장 깊은 곳에 새겨져, 나를 굽이진 세월 속에서도 굽히지 않는 사람으로 만들어주었다.

12.

뷔페식당의 풍경 속 고요한 울림

내가 사는 주상복합 아파트 2층에는 뷔페식당이 있다. 한식, 양식, 일식, 중식을 넘나드는 다채로운 음식들, 그리고 맥주와 포도주가 넘실대는 풍경은 풍요로움 그 자체다. 식당을 가득 채운 사람들은 가족 모임, 직장 회식, 친구들 모임으로 저마다의 이야기를 만들고, 그들의 접시는 끊임없이 채워지고 비워진다. 그야말로 현대의 풍요가 가장 극명하게 드러나는 곳이라 할 수 있다.

하지만 나는 이 풍요로운 풍경 속에서 자꾸만 마음이 불편해진다. 손님들이 떠난 테이블에는 늘 음식이 남겨져 있다. 한두 숟가락만 먹고 버려진 밥, 다 먹지 않고 남긴 생선, 한 입도 대지 않은 채 버려진 디저트들. 종업원들이 남은 음식을 처리하는 모습을 보며 나는 생각에 잠기곤 한다.

이 귀한 음식이 여기까지 오기까지 얼마나 많은 사람의 땀과 노고가 있었을까. 곡식을 심고, 가축을 기르고, 그 재료들을 손질해 이토록 먹음직스러운 요리를 만들어낸 수많은 손길들이 스쳐 지나간다. 사람들은 왜 자신이 먹을 만큼만 담아오지 못하는 걸까.

문득 오래전 대한적십자사에서 대북지원과장으로 근무하던 시절의 기억이 떠올랐다. 1990년대, 식량 사정이 어려웠던 북한을 방문했을 때다. 평양 앞 남포항으로 비료를 전달하러 갔을 때, 그들이 내어준 밥상은 너무나 조촐했다. 서너 가지의 반찬에 잡곡밥이 전부였다. 그들에게는 그것이 가장 귀한 대접이었음을 알기에, 나는 그 밥 한 톨도 남기지 않으려 애썼다.

우연히 내가 먹다 남긴 밥을 식당 종업원이 식당 뒤편에서 조심스레 먹는 모습을 보았다. 그 모습을 본 뒤로 나는 일부러 밥을 조금씩 남겨 그들이 먹을 수 있도록 했다. 우리 남한 대표들은 가져간 컵라면으로 끼니를 때우며 그들의 먹는 모습을 몰래 지켜보았다. 지금 이 뷔페의 풍요를 본다면, 그들은 어떤 생각을 할까. 상상만으로도 가슴이 먹먹해진다.

더 오래전, 내 젊은 시절의 기억 속에는 새벽녘 배고픔을 참지 못해 찬물로 배를 채우셨던 할머니가 계신다. 아침마다 차려주시던 따뜻한 밥상, 그 밥상 위에는 할머니의 한 평생이 담겨 있었다. 영양실조로 인한 간경화로 돌아가셨던 할머니. 평생 찬물로 허기를 달래야 했던 그분께, 이런 풍요로운 식탁을 한 번이라도 내어드릴 수 있었다면…… 얼마나 좋았을까.

이 모든 음식이 그저 '남는 것'이 아니라 누군가에게는 간절한 생명이었음을. 나는 식당 매니저를 만나 남는 음식을 버리지 말고 무료 급식소에 기부하거나 어려운 이웃에게 나누는 방법을 제안했다.

하지만 그는 식품위생법을 언급하며 그럴 수 없다고 했다.

"남는 음식은 다시 사용하지 못하고 모두 버려야 합니다."

그 한마디에 전국 곳곳의 수많은 식당에서 매일 버려질 음식의 양이 머릿속에 그려졌다. 행정 당국이 이에 대한 좋은 정책을 마련하여 이 귀한 음식들이 헛되이 버려지지 않기를 바랄 뿐이다.

동시에 우리 모두의 마음가짐도 중요하다고 생각한다. 뷔페

식당을 찾는 모든 사람들이 먹을 만큼만 가져와 음식을 남기지 않는 것, 그것이야말로 거창한 운동이 아닌 작은 실천으로 할 수 있는 가장 큰 효도가 아닐까. 나는 매니저에게 음식을 남기지 말자는 홍보 포스터를 붙여 달라고 부탁했다.

뷔페식당의 풍요 속에서 나는 조용히 우리 조상들의 굶주림과 희생을 떠올린다. 이 모든 것은 결코 당연한 것이 아니다. 우리의 오늘이 과거의 누군가의 땀과 희생 위에 세워졌다는 것을 기억할 때, 비로소 이 풍요는 진정한 의미를 갖게 될 것이다.

Ⅳ부 삶이 남긴 마지막 가르침

13.

해장국 한 그릇의 추억

나는 시간이 나면 종로3가에 있는 실버극장을 찾는다. 50~70년대 추억의 명화들을 상영하는 곳이다. 나의 학창 시절, 나라가 어려워 영화 한 편 제대로 볼 수 없었고, 사회생활을 시작한 후에는 바쁜 일상에 쫓겨 영화의 존재마저 잊고 살았다. 이제야 비로소 시간의 여유가 생겨 지나간 영화들을 보며 잊었던 시절의 나를 만난다.

오랜만에 실버극장에서 영화 한 편을 보고 나오니 허기가 밀려왔다. 실버극장 앞, 왕년에 송해 선생이 자주 들르셨다는 허름한 해장국집으로 발길을 옮겼다. 3천 원짜리 해장국 한 그릇. 소금에 절인 무김치와 작은 밥 한 공기, 그리고 배추 몇 조각이 들어간 해장국이 전부였다.

스무 명 남짓 앉을 자리는 이미 노인들로 가득했다. 혼자 온 사람이 대부분이었고, 간혹 두세 명씩 함께 온 사람들도 보였다. 누군가는 막걸리 한 병을 시켜 기울이고, 또 다른 누군가는 조용히 밥알을 세고 있었다. 그들 모두에게 이 해장국 한 그릇은 하루의 고단함을 위로하는 따뜻한 온기였으리라.

그래도 이 해장국이라도 걱정 없이 먹을 수 있는 노인들은 나은 편이다. 3천 원이 없어 무료 급식소를 전전하고, 밤에는 닫힌 급식소 문 앞에서 배를 곯는 사람들도 많다고 한다. 노인이 될수록 돈과 건강, 그리고 외로움을 달래줄 진정한 친구가 필요하다는 것을 새삼 깨닫는다.

나 역시 해장국을 먹으며 돌아가신 할머니를 떠올렸다. 배가 고파 새벽에 찬물로 배를 채우시던 모습. 그 기억이 이 해장국 한 그릇의 맛을 더 따뜻하게 만들었다. 살아계셨다면, 3천 원짜리 해장국 한 그릇이라도 나눠 먹으며 정겹게 이야기를 나누었을 텐데.

살아계실 때 "사랑합니다."라는 말 한마디 건네지 못했고, 따뜻한 밥 한 끼 제대로 모시지 못했던 것이 나의 가슴에 천추의 한으로 남아 있다. 벽에 붙어 있던 글귀가 눈에 들어왔다.

"백년을 살면 36,500일… 이 짧은 인생 서로 웃으며 사랑만 하다가 죽어도 억울한 세상."

누가 썼는지 모르지만, 가슴에 깊은 울림을 주었다. 2년 후면 나도 80살이 되어 29,200일을 살게 된다는 것을 깨달으니, 세월의 빠름이 너무 야속했다. 남은 날들을 더 보람 있게 보내야겠다는 다짐을 해본다.

나는 해장국을 천천히 먹으며 주위를 더 자세히 둘러보았다. 맞은편 노인은 국물을 떠먹을 때마다 입김이 김처럼 피어올랐고, 한쪽 구석에서는 서로 모르는 노인들이 국을 덜어 나눠 먹으며 웃고 있었다. 그 조용한 장면 속에서 문득 마음이 데워졌다. 따뜻함은 국물의 온도에서 오는 것이 아니라, 서로의 존재를 인정하는 눈빛에서 오는 것이었다.

그제야 깨달았다.
감사란 특별한 은혜에만 쓰는 말이 아니라,
이렇게 평범한 하루에도 스며 있는 숨결이라는 것을.

해장국 한 그릇을 비우고 좁은 식당을 나서며 나는 생각했다. 이 작은 해장국집에서 나는 단순한 한 끼 식사 이상의 것을 얻었다. 흘러간 시간의 흔적, 잊고 살았던 그리움, 그리고 오늘을 살아가는 노인들의 삶의 무게. 이 모든 것이 한데 어우러져 내게 깊은 깨달음을 안겨주었다. 살아 있는 동안 더 많이 사랑하고, 더 많이 나누고, 더 많이 감사해야 함을.

짧은 인생, 사랑하기에도 부족한 이 시간을 감사하며, 뷔페 식당의 풍요로움과 해장국 한 그릇의 소박함 속에서 삶의 진정한 의미를 찾아가는 보람 있는 하루였다.

14.

울음보다 기도가 되었습니다

나는 왜 이렇게 자주 눈물이 날까. 식탁 앞에 앉을 때마다, 따뜻한 국물에 손을 대기도 전에 목이 메어온다. 좋은 반찬을 앞에 두고도 젓가락이 멈춘다. 그럴 땐 늘 같은 장면이 떠오른다.

할머니께서 찬밥 한 덩이, 간장 몇 방울에 미소를 지으시던 그 모습. "나는 입맛이 없어." 늘 하시던 말씀이었지만, 나는 지금에야 안다. 그 말은 사랑이었고, 어린 손자를 위한 양보였음을.

나만 배불리 먹고, 할머니는 늘 그렇게 뒤에서 남은 찌개에 남은 밥을 말아 드셨다. 그때는 몰랐다. 그 사랑이 그렇게 깊은 줄. 그저 나는 당연하게 먹었고, 할머니의 '괜찮다'는 말을 믿었다.

하지만 이제는 그 조그만 밥그릇 하나가 내 가슴을 수백 번 찌른다. 그때 왜 한 번도 "할머니, 이거 더 드세요."라는 말 한

마디를 못 했을까. 그때 왜 내 젓가락을 내려놓지 못했을까. 그 기억들은 돌아와 나를 울게 한다. 어느 날은 사람들 많은 버스 안에서, 어느 날은 조용한 내 서재에서, 나는 눈물을 삼키지 못한다.

할머니가 떠나신 뒤로 세월은 참 많이도 흘렀다.

내 손에 남은 사진은 몇 장 되지 않는다.

그중 어버이날, 병환 중이던 할머니를 뵈러 가 가슴에 카네이션을 달아드리며 찍은 외출복 차림의 사진 한 장이 있다. 그날이 마지막이 되리라고는 그때의 나는 미처 알지 못했다.

나는 그저 바빴다. 서울이 바빴고, 나의 출세가 바빴다.

"할머니, 조만간 꼭 다시 올게요."

그 말이 마지막이 될 줄은 정말 몰랐다.

지금도 그 사진을 보면 울음이 터진다. 그러나 울음이 할 수 있는 일은 너무 작다는 것을 안다. 그래서 나는 이제 기도한다. 매년 제삿날, 절에 찾아가 부처님 앞에 엎드린다. "할머니, 이 손자가 죄송했습니다. 조금만 더 일찍 깨달았다면, 함께 밥 한 끼 더 먹고, 단벌 저고리 말고 새 옷 한 벌 사드릴 수 있었을 텐데요.” 기도가 눈물보다 깊어질 때, 나는 진심으로 고개를 숙인다. 울음은 내 죄책감이고, 기도는 당신을 위한 나의 마지막 사랑의 표현이다.

내가 이 글을 쓰는 건, 나처럼 후회하지 말라고, 누군가에게 지금이라도 늦지 않았다고 말하고 싶어서다. 돈을 많이 버는 것, 높은 지위에 오르는 것, 그게 전부가 아니라는 것을 나는 너무 늦게야 깨달았다. 효도는 거창한 게 아니다. 그저 함께 있어주는 것. 눈 마주치고 웃는 것, 차 한 잔 따뜻하게 내어드리는 것. 그게 진짜 ‘효’였다. 울음은 이미 늦은 자의 후회스러운 고백이지만, 기도는 아직도 남아 있는 사랑의 표현이다.

그러니, 당신이 사랑하는 그분이 아직 살아계신다면, 부디 후회하며 울지 말고 지금 사랑을 전하라. ‘사랑한다’고, ‘감사하다’고, 그 말을 꼭 오늘 전하시라.

15.

늦은 깨달음이 피워낸 봄

봄의 바람은 늘 조용히 다가와, 마음속 가장 부드러운 자리를 건드린다. 그날 오후, 나는 아파트 정원 벤치에 앉아 새싹이 돋아나는 풍경을 바라보고 있었다. 햇살은 연둣빛으로 번지고, 바람은 나무 가지 사이를 어루만졌다. 그 순간, 할머니의 웃음이 아지랑이처럼 피어올랐다.

살아계실 때, 나는 왜 그렇게 바빴을까. 그 소중한 얼굴에 미소 한 번 더 건네지 못한 채, 언제나 '다음에', '나중에'로 미루며 살았다. 이제야 알겠다. 그 미루었던 시간들이 얼마나 어리석은 후회로 남을지.

돌이켜 보면, 할머니는 늘 같은 자리에 계셨다. 보글보글 된장국이 끓던 부엌, 내가 돌아올 때마다 살짝 열려 있던 방문, 그 안에서 들려오던 한마디.

"밥은 먹었니?"

그 짧은 한마디가 사실은 가장 큰 사랑이었음을 나는 너무 늦게 깨달았다.

그땐 몰랐다. 자유를 향한 발걸음이 사랑의 품을 떠나는 길이었음을. 당신의 손길을 간섭이라 여기고, 진심 어린 걱정을 구속이라 여겼던 그 시절의 나. 그 어리석음이 지금 내 안에서 봄눈처럼 녹으며, 따뜻한 눈물이 되어 흐른다.

이제야 알게 되었다. 그 모든 순간이 얼마나 귀하고 아름다운 사랑이었는지. 그때의 내가 지금의 마음을 가졌더라면, 당신의 손을 더 자주 잡고 "고맙습니다, 할머니." 그 한마디를 수천 번이라도 전했을 것이다.

밥 한 그릇, 옛이야기 한 자락, 그 모든 소소한 일상이 얼마나 큰 가르침이었는지 이제야 가슴 깊이 새긴다.

* * *

삶은 피천득 선생의 수필 『인연』처럼 만남과 헤어짐이 교차하는 길 위를 걷는 일이다. 그때는 스쳐 지나가는 인연이라 여겼던 것이, 돌아보면 어느새 내 삶의 뿌리가 되어 있었다.

늦은 깨달음일지라도 괜찮다. 중요한 건 깨달음이 '지금'이라는 것이다. 여류시인 킴벌리 커버거(Kimberly Kirberger)의 시처럼, "지금 알고 있는 걸 그때도 알았더라면"이라 되뇌어도 그 후회마저 삶의 일부로 받아들일 때, 인생은 비로소 봄처럼 다시 피어난다.

이제 나는 당신의 자리에 서서, 누군가를 위한 따뜻한 봄이 되고자 한다. 나의 작은 배려 하나, 다정한 말 한마디가 누군가의 마음을 녹일 수 있다면 그것이야말로 내가 배운 '효'의 또 다른 형태일 것이다.

늦었지만, 아직 늦지 않았다. 후회는 봄의 흙처럼, 새로운 싹을 틔운다. 그 깨달음의 씨앗에서 나는 오늘도 조용히 꽃을 피운다.

당신의 사랑이 내 안에서 다시 피어난 그 봄, 이제는 내가 누군가의 할머니처럼 다른 이의 삶에 따뜻한 햇살이 되고 싶다.

그리고 언젠가, 그 햇살이 당신께 닿기를.

16.

살면서 비로소 보이는 것들

시간은 참으로 신비롭다. 어린 시절엔 왜 그리도 더디게 가던 하루하루가 이제는 눈 깜짝할 새 지나간다. 언제 어른이 될까 손꼽아 기다리던 소년이 이젠 거울 속 희끗한 머리칼과 깊어진 주름을 보며 세월의 속도를 믿을 수 없어 한다.

70여 년의 시간이 꿈처럼 흘러가고, 한순간도 놓치지 않았던 것 같지만 돌이켜 보면 기억조차 희미한 날들이 많다. 시간은 누구에게나 공평했지만 나를 기다려주진 않았다.

어릴 적엔 삶이 길게만 느껴졌다. 그러나 돌아보니 이렇게 짧을 수가 없다. 할머니와 함께한 기억은 여전히 선명한데 그 따스한 손길과 말없는 사랑을 그땐 너무 당연하게 여겼다. 이제야 깨닫는다. 그 숭고한 희생과 헌신이 내 삶의 뿌리가 되어, 지금의 나를 지탱하고 있다는 것을.

나이가 들수록 시간은 흐르는 것이 아니라 달리고, 날아간다. 아침이 시작되면 곧 저녁, 월요일이면 금세 주말이 다가오고, 봄이 오면 어느새 한 해가 저물어간다. 새해가 밝았다며 마음을 다잡은 게 엊그제 같은데 어느덧 절반이 지나 마지막 달이 손짓한다.

이 빠른 시간 속에서 우리가 꼭 붙잡아야 할 것이 있다면 그것은 다른 이의 시선을 위한 삶이 아닌, 나만의 진심과 깊이일 것이다. 젊은 날, 남들이 세워놓은 기준을 좇아 명예와 지위를 갈망했지만 이제야 깨닫는다. 정말 행복하고 성공적인 삶이란, 내가 좋아하는 일을 꾸준히 해내며 가장 가까운 이들에게 작은 은혜라도 갚아가는 오늘 하루의 성실함이라는 것을.

“하늘이 맺어준 인연, 소중한 사람을 잊는 데는 평생이 걸린다.”

이 말의 진심을 이제야 이해한다. 무심함 속에 놓치고, 잊고 살았던 그 귀한 존재, 바로 나의 할머니. 당신 없인 오늘의 내가 없음을 지금은 깊이 안다.

이제 나는 그 늦은 깨달음을 많은 이들에게 전하고 싶다. “마음의 치유자는 ‘효심’이다.” 이 믿음을 글로, 강의로 나누고 있다. 행복하게 사는 길이 곧 '효'라는 것을 스스로 체득했기에, 이 진리를 담은 교재와 강연으로 세상에 전하고자 애쓰고 있다.

그 모든 시작은 삶의 진정한 의미를 일깨워 준 내 마음의 어머니, 할머니였다. 사랑받았던 손자였기에 지금의 내가 존재한다.

할머니는 삶의 가치와 성공의 의미를 알려주신 분이었다. '언제 진짜 효도를 했을까?' 이제 와 되묻지만 이 세상에서 기회는 다시없을 것이다.

그렇지만, 하늘나라의 할머니는 지금도 이렇게 말씀하실 것만 같다.

"인생은 잠깐이란다. 나 잊고, 너의 삶을 더 기쁘게 살아라."

그 말씀은 남은 인생을 더 의미 있게 살라는 따뜻한 격려이며, 당신의 사랑이 여전히 내 안에서 숨 쉬고 있다는 증거이다.

제4장

이름으로 남은 사랑

I부

이름이 불러낸 기억

1.

이름이 남긴 사랑

내 이름, '영기'. 어릴 적 하루에도 수십 번 그 이름이 불렸다.

"영기야, 일어나라."
"영기야, 밥 묵자."
"영기야, 감기 들라, 이불 덮어라."

하루의 시작과 끝, 그 모든 순간마다 내 이름이 있었다.

이름은 부르는 사람의 마음에 따라 색을 달리했다. 증조할머니의 목소리에는 걱정이, 할머니의 부름에는 온기가 담겨 있었다. 어린 나는 그저 불리는 것이 당연하다고 여겼다. 그러나 훗날 알게 되었다. 그 모든 부름은 나를 향한 기도였다는 것을.

다치지 않기를, 병들지 않기를, 잘 자라기를 바라는 숨은 기도이자 매일의 축복이었다. 살면서 가장 많이 들었던 말이 내 이름이었다는 건, 그 시절 내가 얼마나 많은 사랑을 받았는지를 증명해 준다.

할머니는 내 이름을 참 곱게 불렀다. 투박한 사투리 속에서도 내 이름만큼은 언제나 부드러웠다. "영기야—" 그 부름에는 언젠가 돌아올 날을 기다리는 믿음이 있었다.

나는 할머니의 품에서 자랐다. 배가 고프면 품 안에 숨었고, 무릎이 까지면 그 손끝의 입김으로 위로받았다. 할머니는 이름을 부르며 내 등을 쓸어주었다. 그 순간 세상은 작아지고, 내 존재는 그 이름 안에서 단단해졌다.

이름은 나를 세상과 이어주는 끈이었다. 누군가 나를 불러준다는 것은 내가 '존재한다'는 확인이었다. 그래서였을까. 사춘기 시절, 누군가 내 이름을 무심하게 부를 때면 이상하게 가슴이 허전했다. 이름을 불러주던 그 목소리가 사라진 자리엔 바람만 남았다.

할머니가 떠나신 지도 오래다. 그런데 나는 아직 꿈에서 한 번도 할머니께 내 이름을 불려본 적이 없다. 누군가는 "돌아가신 분이 꿈에서 이름을 불러주더라."라고 말했지만 내게는 그런 일이 없었다.

밤마다 나는 조용히 기도했다.

"할머니, 한 번만… 제 이름을 다시 불러주세요."

그 이름 석 자가 다시 들린다면 모든 허전함이 사라질 것만 같았다. 하지만 꿈에서 만난 할머니는 언제나 미소만 지으셨다. 말없이 바라보는 그 눈빛이 오히려 그 어떤 부름보다 더 깊은 사랑처럼 느껴졌다. 어쩌면, 사랑은 이름을 부르는 일이 아니라 이름을 기억하는 일일지도 모른다.

이제는 내가 누군가의 이름을 부를 차례가 되었다. 잠든 손자의 이마에 손을 얹고, 나는 속삭인다.

"덕훈아—"

그 이름을 부를 때마다 문득 오래전, 나를 부르던 할머니의 목소리가 겹쳐진다. 내 목소리 속에 할머니의 울림이 스며 있다는 걸 안다. 세월은 흘렀지만, 사랑의 음색은 변하지 않았다.

이름을 부른다는 것은 단순한 행위가 아니다. 그건 '있어줘서 고맙다'는 마음이고, '네가 여기 있음을 나는 잊지 않았다'는 약속이다. 이름 한번 불러주는 일 속에는 한 사람의 인생과 사랑이 담긴다.

김춘수 시인은 「꽃」이라는 시에서 이렇게 썼다.

내가 그의 이름을 불러주기 전에는
그는 다만
하나의 몸짓에 지나지 않았다

내가 그의 이름을 불러주었을 때,
그는 나에게로 와서
꽃이 되었다

이름을 부른다는 건 결국 그 사람을 '존재하게 만드는 일'이다. 그래서일까. 내가 할머니의 목소리를 기억하고, 내 손자의 이름을 부르는 순간마다 세대와 세대가 서로의 꽃이 되어 피어나는 듯하다.

가끔 손자가 잠에서 뒤척일 때면 나는 할머니가 그랬던 것처럼 손끝으로 이마를 쓸어준다. 그 따스한 온기가 이름보다 먼저 손자의 꿈으로 스며든다. 나는 그 순간 깨닫는다. 할머니가 내 이름을 부를 때, 그 목소리 안에는 이미 내 손자의 이름까지 품고 있었다는 것을. 사랑은 그렇게 세대를 건너 흐른다. 한 세대의 부름이 또 다른 세대의 부름이 되어, 이름과 이름이 이어지며 우리는 서로를 기억하는 존재가 된다.

이제 나는 내 이름을 들을 때마다 할머니의 목소리가 겹쳐 들린다. 누군가 나를 부르면 그 소리 뒤에서 여전히 할머니가 나를 바라보는 듯하다. 그것이 내가 살아가는 이유이자, 이름이 남긴 사랑의 흔적이다.

이름은 사라지지 않는다. 시간이 흘러도, 세대가 바뀌어도 그 부름의 온도는 변하지 않는다. 그 이름 속엔 사랑의 결이 깃들어 있다. 오늘 밤도 나는 조용히 기도한다.

"할머니, '영기야'… 그 이름 한 번만 더 불러주세요."

그러나 아무 소리도 들리지 않는다. 대신 창밖에서 바람이 살짝 스친다. 그 바람이 할머니의 손길 같아 눈을 감는다. 그 순간, 내 이름이 바람에 실려 할머니에게 닿는 듯했다.

잠든 손자 곁에 앉아 나는 다시 이름을 부른다.

"덕훈아, 잘 자라."

그 부름 속에는 할머니의 기도, 어머니의 사랑, 그리고 나의 다짐이 함께 있다. 이름은 그렇게 이어진다. 사랑의 이름으로, 생(生)의 이름으로.

2.

불리지 못한 이름의 슬픔

어릴 적 우리 집엔 방이 세 칸 있었다. 그러나 할머니의 자리는 그 안에 없었다. 늘 부엌 구석, 솥단지 옆이었다. 겨울밤이면 온 가족이 아랫목에 모여 이불을 덮고 있을 때, 할머니는 늘 '나는 부엌이 익숙하다'며 홀로 오래된 이불 한 장을 펴셨다. 나는 그 장면을 당연히 여겼다. 그러나 지금은 안다. 그 당연함이 사실은 견딤이었음을.

나는 할머니에게 단 한 번도 "왜 거기서 주무세요?"라고 묻지 않았다. 밥을 차려주는 사람은 있었지만, 이름을 불러주는 이는 없었다. 우리는 그분을 "할머니"라 불렀지만, 그 이름 너머의 삶은 궁금해하지 않았다. 생신조차 묻지 않았다. 밥상머리에 앉아 배는 불렀지만, 마음은 자라지 못한 것이다.

세월이 흘러 할머니가 떠난 뒤에야, 나는 낡은 달력 속 작은 글씨 하나를 발견했다. 구월 아흐레, '영기 생일'. 연필로 쓴 그 글씨는 종이보다 먼저 바래 있었다. 그날 나는 아마 친구와 술자리를 했을 것이다. 회사 일에 치여 전화 한 통 드리지 못했을 것이다. 그날이 그분께 어떤 날이었는지, 나는 알지 못했다. 아니, 알지 않으려 했다.

이제는 부엌 불빛만 꺼져 있다. 그 자리에 할머니는 없고, 기억만 남아 있다. 나는 뒤늦게야 이름을 또박또박 적어 본다. 이일효(李一孝) 할머니. 부르는 순간 가슴이 저민다. 살아계실 때는 한 번도 정성껏 불러드린 적 없는 이름이었다.

사람은 떠나고 나서야 얼마나 큰 존재였는지 알게 된다. 나는 그 뒤로 혼자 중얼거리듯, 기도하듯 할머니의 이름을 자주 부른다. 마치 등불처럼, 내 걸음을 비춰주는 빛처럼.

꿈에서 할머니는 여전히 부엌에 앉아 내 이름을 부르고 계신다. 그 목소리가 가슴을 두드린다. 이번 생에 내가 하지 못한 일을, 다음 생에선 꼭 하고 싶다.

"할머니, 생신 축하드립니다. 따뜻한 방에서 먼저 주무시고, 밥상 앞에 먼저 앉으세요. 이번엔 제가 먼저 불러드리겠습니다."

돌아보면, 나는 식구이면서 식구 노릇을 하지 못했다. 함께 산다는 것은 같은 공간에 있는 것이 아니라, 서로를 눈에 담고 마음을 건네는 일임을 세월이 내게 가르쳐 주었다.

뒤늦게 깨달은 이 무거운 이름을, 나는 평생 짊어지고 갈 것이다. 그러나 그 무게가 나를 더 깊은 사랑으로 이끌어 줄 것임을 믿는다. 할머니가 그랬듯이, 나는 이제 누군가에게 먼저 다가가 이름을 불러주는 사람이 되고 싶다.

3.

마지막 부름

나는 오랜만에 할머니 댁에 들렀다. 하룻밤만 묵고 다음 날 이른 아침에 서울로 돌아올 예정이었다. 새벽녘, 어둠이 가시지 않은 옆방에서 낯익은 소리가 들려왔다.

"영기야…."

숨이 끝에 닿은 듯한 가느다란 부름이었다.

나는 답하지 않았다. 서울에서 내려온 피곤함에다, 할머니의 마지막 목소리일지도 모른다는 두려움이 나를 꽁꽁 묶어버렸기 때문이다. 나는 이불 속으로 몸을 숨긴 채 귀를 막았다.

세월이 사십오 년 흘렀다. 그러나 나는 여전히 그 문 앞에 서 있다. 대답하지 못한 죄책감은 마음속에서 사라지지 않았다.

강단에 서서 효의 의미를 이야기할 때도, 내 안 깊은 곳에서는 늘 그 새벽의 목소리가 울렸다. 나는 학생들에게 말한다. "효는 특별한 것이 아닙니다. 누군가의 마지막 부름에 응답하는 것입니다. 저는 그 부름을 놓쳤습니다." 청중은 숙연해지고, 나의 눈동자는 젖는다.

돌아보면, 할머니의 목소리는 단순한 부름이 아니었다. 그것은 살고 싶다는 마지막 의지였고, 사랑의 마지막 언어였다. 그 절규를 나는 무시했고, 그 침묵이 내 삶의 가장 무거운 그림자가 되었다.

나는 그 후로 매일 할머니 이름을 되새기며 기도처럼 부른다. "할머니, 그땐 죄송했어요." 대답은 들리지 않지만, 기도는 하늘로 스며든다. 손자가 내 손을 꼭 잡아주며 말한다.

"다음엔 놓치지 마요, 할아버지."

그 말 속에서 나는 작은 구원을 느낀다. 놓친 손길은 되찾을 수 없지만, 지금 이 순간 내가 먼저 손을 내밀 수는 있기 때문이다.

나는 이제 안다. 사랑은 부르는 목소리에 응답하는 것에서 시작된다는 것을. 문틈 사이로 새어나온 마지막 부름에 대답하지 못했지만, 그 부름은 나를 일생 동안 일깨우며 살아가게 만들었다.

다음 생이 있다면, 나는 가장 먼저 달려가 그 손을 잡고 싶다. 이름을 부르기 전에도, 차갑기 전에, 식기 전에, 먼저 손을 내밀고 싶다.

닫힌 문은 더 이상 열리지 않지만, 그 앞에서 나는 여전히 서 있다. 그리고 매일 같은 기도를 드린다.

"할머니, 제 이름을 불러주셔서 감사합니다. 이번에는 제가 먼저 불러드리겠습니다."

II부

손끝으로 이어진 사랑

4.

세숫물의 온기

겨울 새벽, 방 안은 아직 캄캄했다. 나는 이불 속에서 꾸물거리며 깨어 있었고, 부엌에서는 작은 소리가 흘러나왔다. 장작불을 살피는 소리, 양은 주전자 뚜껑을 여닫는 소리, 그리고 낮게 섞여 나오는 기침 소리. 그것은 누군가의 고단한 노동이 아니라, 나를 깨우기 위한 의식이었다.

잠시 후, 부엌문이 열리며 김이 모락모락 피어오르는 대야가 들어왔다. 대야에 담긴 따뜻한 세숫물. 손을 담그면 눈이 번쩍 뜨이고, 그 물결 속에서 온 세상이 내게 열리는 것만 같았다. 나는 그저 '아침이 되었구나' 하고 생각했을 뿐, 그 따뜻함이 어떤 대가로 마련된 것인지는 알지 못했다.

그러나 그 물결 속에는 증조할머니의 숨결이 배어 있었다. 그때는 몰랐다. 그 따뜻함이 단지 물의 온도 때문만은 아니었다는 것을. 그 물에는 기도가 담겨 있었고, 기다림이 담겨 있었다. 온기를 내어주고도 "물이 좀 식었다." 하시던 그분의 말은, 지금 돌이켜 보면 사랑의 언어였다.

어느 겨울날, 대야 속 물은 차가웠다. 나는 화들짝 놀라 짜증을 내듯 말했다.

"왜 오늘은 차요?"

나는 그저 물이 차다며 투정도 부렸다. 증조할머니는 미소만 지으셨다. 그 미소 안에는 사랑이 있었다. 말 한마디 없었지만, 그 눈빛이 "오늘도 따뜻하게 살아라."라고 속삭이는 듯했다.

그 침묵이 마지막이었다. 며칠 뒤, 그분은 병환으로 돌아가셨고, 다시는 세숫물이 데워지지 않았다. 그때의 찬물은 사랑의 끝이 아니라 작별의 시작이었다는 것을 나는 훗날에야 알았다.

그 후로 오랫동안 나는 새벽의 물소리를 잊었다. 세월이 흘러 나는 어른이 되었다. 전기포트는 물을 순식간에 끓였지만, 그 물에는 사랑이 없었다. 온기는 남지 않았다.

세월이 흘러 나도 할아버지가 되고, 어느 날, 손자 얼굴을 닦아주려 대야에 물을 붓던 순간 손끝에 그때의 따뜻함이 다시 피어오른다. 그건 물의 열이 아니라 마음의 기억이었다.

증조할머니의 숨결이 내 손끝을 지나 다시 손자의 이마로 스며드는 순간, 나는 깨닫는다. 사랑은 반복되는 손길 속에서 형태를 달리하며 이어진다는 것을.

사람이 따뜻하다고 느끼는 건 불의 세기나 물의 온도가 아니라 그 일을 위해 깨어 있던 누군가의 마음 때문이다. 사랑은 그렇게 새벽에 깨어 있고, 효는 그 마음을 다시 데우는 일이다.

돌아보면, 사랑은 언제나 말없이 앞서 깨어나는 것이었다. 눈에 보이지 않지만, 매일 새벽을 깨우는 그 힘이 있었다. 이제는 내가 그 차례를 이어받았다.

나는 오늘도 대야에 물을 붓는다. 손자의 얼굴을 부드럽게 깨우기 위해, 하루를 조용히 열어주기 위해. 물은 식겠지만, 그 손끝의 기억만은 식지 않는다. 그 기억이 내 삶의 온기를 이어주고 있다. 그리고 내 손자의 기억 속에서 계속 김을 피워 올릴 것이다.

5.

양말 벗겨주던 밤

겨울이었다. 눈발은 밤새 그치지 않고 내렸고, 바람은 창틀을 사정없이 흔들었다. 수업을 마치고 할머니 집으로 향하던 하굣길, 코끝은 얼얼했고 손가락은 점점 감각을 잃어갔다. 간신히 집에 도착했을 때, 나는 입고 있던 겹옷도 벗지 못한 채 방바닥에 털썩 주저앉았다. 몸도 마음도 지쳐 그날 저녁에는 아무 말도 하고 싶지 않았다.

그때 문이 삐걱 열리고 작은 발소리가 다가왔다. 낯익은 기척, 할머니였다.

"어이구, 우리 영기 왔구나. 오늘 많이 추웠제?"

말끝은 떨렸고, 손에는 늘 지니던 손수건이 쥐어져 있었다.

나는 어린 마음에 짜증을 참지 못했다.

"할머니, 나 좀 가만히 놔둬요. 아무것도 안 하고 싶어요."

그럼에도 할머니는 조용히 무릎을 꿇으셨다. 낡은 치맛자락이 방바닥에 닿는 소리가 들렸다. 그분은 내 발목을 살며시 감싸 쥐고, 신겨져 있던 양말을 천천히 벗기기 시작하셨다.

양말 속 발은 돌처럼 차가웠다. 그런데 그 손끝에서 전해지는 온기는 눈물처럼 따뜻했다.

"춥지 않게 발이라도 덥혀야지. 우리 영기, 밖에서 얼마나 고생했을꼬…."

나는 대답하지 못했다. 겨우 여덟 살에 불과했지만, 그날 밤의 손길은 세상 그 어떤 말보다 깊고 무거웠다. 작은 손에 담긴 온기는 단순한 따뜻함이 아니라, 나를 살리고자 하는 기도와 다짐이었다.

몇 해가 지나 나는 도시 학교로 떠났고, 할머니는 시골에 남으셨다. 처음에는 틈날 때마다 할머니께 편지를 띄웠고, 우체

국에 들러 어렵게 전화 한 통을 걸어보기도 했다.

"공부 잘하고 있지?"
"밥은 거르지 말고 잘 챙겨 먹어라."

그 목소리를 들을 때마다 나는 잠시나마 마음이 놓였다.

하지만 시간이 흐를수록 생활은 바빴고, 연락은 뜸해졌다. '다음 방학엔 꼭 가야지, 다음 명절엔 찾아뵈어야지.' 그렇게 미루고 미루다, 결국 할머니는 내 이름을 다시 부르지 못한 채 떠나셨다.

빈소에서 나는 울지 못했다. 눈물이 솟구쳤지만, 죄송하고 미안해서 도리어 가슴이 얼어붙었다. 그저 고개만 숙이고 서 있었다.

그때 고모가 작은 꾸러미를 내게 건넸다.

"할머니가 이거, 너 주라고 했어."

조심스레 풀어본 꾸러미 안에는 낡은 손수건 한 장과, 내가 어릴 적 신었던 작은 양말 한 짝이 들어 있었다. 세월에 바래 희미해졌지만, 분명 내가 신었던 그 양말이었다. 그 순간 할머니의 손길이 내 눈앞에서 되살아났다. 양말을 벗겨주시던 그 따뜻한 손, 발을 감싸주던 온기. 나는 꾸러미를 끌어안고 그제야 통곡했다.

그날 이후로 나는 매년 첫눈이 오는 밤이면 양말을 벗는다. 차가운 바닥에 발을 올려두고 두 손으로 감싸며, 할머니를 떠올린다. 그 손길 속에는 사랑도, 기도도, 그리고 마지막 이별도 함께 담겨 있었다.

이제 나는 아버지가 되었고, 어느덧 할아버지가 되었다. 겨울밤, 손자의 발이 차갑다 싶으면 나도 모르게 양말을 벗기고 따뜻한 내 손바닥으로 그 작은 발을 감싸준다. 그 순간 오래전 겨울밤이 조용히 되살아난다. 할머니의 온기 어린 손길이 내 손등 위로 살며시 내려앉는 듯하다.

삶은 이렇게 이어진다. 사랑은 세대를 건너 흘러간다. 할머니가 내 발을 감싸주셨듯, 나는 손자의 발을 감싸고, 언젠가 손자도 또 누군가의 발을 덥혀줄 것이다. 그 단순하고도 깊은 사랑의 법칙이 세상을 이어가고 있음을, 나는 이제야 알았다.

나는 때때로 생각한다. 효란 무엇일까. 크게 차려진 제사상이나 화려한 말 속에 있는 것이 아니라, 한겨울 밤 발 시린 손주를 위해 무릎 꿇던 작은 손길 속에 있었다. 차갑던 발이 녹듯, 얼어붙은 마음도 그 온기 앞에 녹아내렸다. 그 단순한 행동 하나가 나를 살렸고, 지금까지도 내 삶을 붙들고 있다.

그래서 나는 다짐한다.
사랑을 미루지 말자.
고맙다는 말을 오늘 하자.
따뜻한 손길을 지금 건네자.

내가 손자의 발을 덥히는 순간, 그것은 단지 양말을 벗기는 일이 아니라, 내게 이어진 사랑을 다음 세대에 전하는 일임을 믿는다.

6.

함께하지 못한 밥상

어버이날이 다가오면 마음 한편이 유난히 무거워진다. 거리마다 붉은 카네이션이 흩날리고, 식당마다 부모님을 모신 가족들의 웃음소리가 가득하다. 그러나 나의 기억 속에는 할머니와 함께한 식당의 풍경이 단 한 장면도 없다.

창문 너머로 웃음 가득한 가족들의 모습을 바라보던 어느 날, 나는 불현듯 깨달았다.

'나는 할머니를 단 한 번도 식당에 모신 적이 없구나.'

어린 시절, 집안 형편은 넉넉하지 않았다. 외식을 한다는 것은 상상조차 하기 어려운 일이었다. 그 시절의 나는 그것을 당연하게 여겼다. 할머니께서 끼니마다 따뜻한 밥을 차려주시는 것만으로도 충분하다고 믿었고, 오히려 집에서 먹는 밥이 최

고라며 스스로를 위로했다. 할머니는 그 말에 늘 웃으시며 "집이 제일 좋지."라고 맞장구치셨다.

하지만 이제 돌이켜 보면, 그 웃음 뒤에는 외로운 마음이 숨어 있었음을 알 수 있다. 한 번쯤은 손자의 손을 잡고 식당에 들어가, "오늘은 제가 모실게요."라고 말해드렸어야 하지 않았을까.

세월은 빠르게 흘러갔다. 내가 사회에 나가 밥값을 낼 수 있는 나이가 되었을 때, 할머니는 이미 세상에 계시지 않았다. 사람들과 어울려 식사를 대접하고, 가족들을 좋은 자리에 모실 수 있게 된 지금, 내 밥상 끝자락에는 늘 하나의 빈자리가 남아 있다. 음식은 풍성하지만, 마음은 늘 결핍을 안고 있다. 그 빈자리는 바로 할머니가 앉으셨어야 할 자리다.

나는 종종 상상한다. 만약 그때 용기를 내어 할머니와 함께 식당에 갔다면 어땠을까. 소박한 국밥집이든, 동네 반찬가게 앞 작은 음식점이든 상관없다. 그 자리에 할머니가 앉아 계시고, 내가 건넨 따뜻한 국 한 숟가락을 드시며 미소 지으셨다면, 지금의 나는 덜 후회했을 것이다. 하지만 그 한 번의 기회조차 만들지 못한 나의 무심함은 평생의 빚으로 남아 버렸다.

이제 나는 손자에게 밥을 사주며 기쁨을 느낀다. 손자가 국물을 흘리며 웃을 때, 나는 그 웃음 속에서 지나간 시간의 그림자를 본다. 할머니가 나를 바라보던 눈길도 그와 다르지 않았을 것이다. 그렇게 생각하면, 한없이 죄송하고 또 한없이 감사하다.

할머니의 수고와 희생이 없었다면, 지금의 나는 존재하지 못했을 것이다. 매일같이 밥을 지어주던 그 손길이, 사실은 나를 살리고 길러낸 생명의 근원이었음을 이제야 깨닫는다.

나는 살아가는 동안 하나의 기도를 품게 되었다. "다음 생에 다시 태어난다면, 꼭 다시 할머니의 손자가 되어 함께 식당에 가겠습니다." 그 자리에서는 후회도, 눈물도 없고, 오직 감사와 사랑만이 흐르는 한 그릇의 국물이 놓여 있기를 소망한다.

할머니와 함께하지 못한 밥상은 이제 내 안에서 기억이 되었고, 그 기억은 후회로 남았다. 그러나 그 후회는 또다시 기도가 되어, 내 삶의 하루하루를 붙잡아 준다. 할머니의 빈자리가 나에게 남긴 가르침은 단순하다. 사랑은 미루지 말아야 하고, 효는 지금 이 순간 행해야 한다는 것이다.

어버이날마다 번지는 웃음소리 속에서 나는 여전히 창밖에서 있는 듯한 기분이 든다. 그러나 그 자리는 더 이상 단순한 슬픔이 아니라, 나로 하여금 지금의 어른들을, 그리고 후손들을 더욱 사랑하게 만드는 자리로 남아 있다.

끝내 하지 못한 말, "할머니, 오늘은 제가 모실게요."

그 말을 나는 오늘도 가슴속에서 되뇌며, 내 아들과 손주에게는 망설임 없는 사랑을 건네려 한다.

그렇게 함으로써, 비록 늦었지만 할머니께 드리지 못한 효를 다른 방식으로 이어가고 싶다. 그리고 언젠가, 다음 생의 첫 인사로 꼭 말씀드릴 것이다.

"할머니, 오늘은 제가 모십니다."

Ⅲ부

된장 향기에 묻은 세월

7.

묵은쌀, 썩지 않은 사랑

겨울이 깊어지던 어느 날이었다. 온 세상이 하얗게 숨죽인 고요 속에서, 나는 할머니 방 찬장 구석을 정리하다 낡고 투박한 쌀자루 하나를 발견했다. 가득하지는 않았고, 반쯤 차 있었지만 묵직한 그 자루에는 세월의 풍파보다 더 짙은, 무언가 오래된 냄새가 스며 있었다.

손때 묻은 자루를 조심스레 열자, 습기 먹은 쌀알 사이로 쿰쿰한 군내가 스멀스멀 피어올랐다. 나는 인상을 찌푸리며 무심하게 내뱉었다.

"할머니, 이거 다 상했어. 이제 버려야겠네."

나의 말에 할머니는 아무 대답 없이 그 자루를 조심스럽게 끌어안으셨다. 그 작은 등 뒤로 한숨보다 더 무거운 기척이 번져 나왔다. 그리고 아주 낮은 목소리로 말씀하셨다.

"그거 말이다. 네가 좋아하던 쌀이라 조금 남겨뒀지. 너 오면 해주려고……."

나는 그 자리에 얼어붙은 듯 서 있었다. 내 손끝에 닿았던 것은 묵은쌀이 아니라, 묵은 사랑이었다. 시간이 켜켜이 쌓인 쌀알 하나하나에 할머니의 기다림이 묻어 있었다.

내 기억 속 할머니는 늘 내가 먹다 남긴 밥을 드시던 분이었다. 먼저 주고, 남은 것을 드시고, 심지어는 없으면 안 드시던 분. 그런 분이 당신의 몫이 될 수 있었던 쌀을 낡은 찬장 구석에 숨겨두셨다는 것은, 단순히 식량을 저장한 행위가 아니었다. 그것은 오지 않는 손자를 향한 끝없는 기다림이었고, 사랑을 담아 다시 밥을 지어주고 싶었던 간절한 소망이었다.

그날 저녁, 나는 할머니와 마주 앉아 햅쌀로 지은 따뜻한 밥을 먹었다. 김이 모락모락 피어나는 밥 한 그릇은 내 입안보다 마음을 먼저 뜨겁게 데웠다. 묵은쌀은 상하여 버려야 했지만, 그 속에 담긴 할머니의 사랑은 결코 상하지 않았다. 오히려 시간이 흐르고 계절이 바뀌어도 더 깊어졌고, 더 오래갔다.

그 쌀자루 속의 마음은 썩지 않은 채, '나'라는 존재의 의미를 묵묵히 기다리고 있었다. 나는 그날 이후, 삶의 모든 순간에서 할머니의 사랑을 발견한다. 거친 손으로 지어주시던 밥 한 그릇, 말없이 내 등 뒤에 서 계시던 당신의 모습, 그리고 찬장 구석에 놓여 있던 묵은쌀 자루까지.

이제 나는 안다. 사랑은 가장 화려한 곳이 아닌, 가장 오래된 자리에 가장 조용히 놓여 있다는 것을. 우리가 찾지 못했을 뿐, 그 사랑은 늘 그곳에 머물러 있었다.

묵은쌀이 상하지 않은 사랑으로 남았듯, 할머니의 사랑은 세월이 흘러도 변치 않는 빛으로 내 삶을 비추고 있다. 이 빛을 따라 나는 앞으로도 사랑을 나누며 살아가리라 다짐한다.

8.

된장 향기로 다시 피어난 삶

1950년대 초, 6.25 전쟁의 상처가 아직 마르지 않았던 시절. 어린 나는 고향집 마당 끝 장독대 앞에서 자주 놀았다. 햇볕에 반짝이는 수십 개의 항아리, 하나하나 다른 모양을 하고서 묵묵히 제자리를 지키고 있었다. 봄이면 항아리 뚜껑 위로 연둣빛 새싹이 내려앉았고, 여름이면 장맛비가 장독대를 적셨다. 겨울에는 함박눈이 수북이 내려앉아 하얀 솜이불처럼 항아리를 덮었다.

할머니는 날마다 장독대 앞에 서셨다. 뚜껑을 열어 장을 살피고, 마른 수건으로 깨끗이 닦고, 흙이나 먼지가 앉으면 다시 정성스레 훔치셨다. 그 눈빛은 마치 보물을 들여다보는 듯 빛났다. 된장은 단순한 음식이 아니었다. 그 속에는 한 집안의 시간과 땀, 그리고 사랑이 고스란히 배어 있었다.

메주를 쑤어 매달던 겨울밤, 연기에 그을린 부엌은 따뜻했다. 할머니는 손수건으로 이마의 땀을 훔치며 메주를 정성껏 손질하셨다. 그 손은 늘 굳은살로 가득했고, 손톱은 닳아 있었다. 고추를 갈고, 마늘을 까고, 장독에 소금을 풀어 넣던 그 손. 쉰 날이란 단 하루도 없던 손이었다.

"이 된장은 겨울에도 뜨끈한 밥에 비벼 먹으면 꿀맛이지."

할머니는 그렇게 말씀하시며, 제일 좋은 장맛을 내 그릇에 퍼주셨다.

정작 본인은 말라비틀어진 찌꺼기를 김치에 싸서 드셨다. 나는 그저 웃고 말았지만, 그 웃음 뒤에는 보이지 않는 희생이 숨어 있었다. 그때는 몰랐다. 된장 한 숟가락에 담긴 세월과 헌신을.

세월이 흘러 할머니가 병석에 눕자, 장독대는 텅 빈 것처럼 보였다. 햇볕을 받지 못한 된장은 쉬어버렸고, 항아리의 숨결도 사라진 듯했다. 장례식 날, 나는 마지막으로 그 굳은살 박인 손을 잡았다. 그 손에서는 여전히 장독대 향이 났다. 짠내와 흙내, 그리고 설명할 수 없는 따뜻한 향기. 그 향기 속에 나의 어린 날이, 그리고 한 집안의 역사가 묻혀 있었다.

도시에 올라와 아파트에 살면서부터, 된장은 이제 마트나 시장에서 쉽게 살 수 있는 식재료가 되었다. 그러나 국을 끓일 때마다, 늘 할머니의 얼굴이 떠올랐다. 거울 속 내 손등에 드러난 핏줄과 주름 속에서 할머니의 손길이 겹쳐졌다. 장맛은 단순한 맛이 아니었다. 그것은 희생이었고, 시간이었다.

방광암 수술을 받고 병원 침대에 누워 있던 어느 밤, 나는 꿈에서 어린 나와 할머니를 보았다. 마루에 앉은 나를 향해, 할머니가 부엌에서 된장국을 끓이며 말씀하셨다

"요놈아, 된장국 끓일 땐 먼저 간부터 맞춰야지.
아무리 바빠도 이건 잊으면 안 된다."

꾸지람처럼 들렸지만, 그 말에는 사랑이 담겨 있었다.

나는 울며 눈을 떴다. 그 눈물은 단순한 그리움 때문만이 아니라, 돌아갈 수 없는 시간 앞에서 밀려온 늦은 후회의 눈물이었다.

그날 이후 나는 다짐했다. 더 이상 미루지 말자. 누군가를 향한 따뜻한 말, 감사의 손길을 오늘 건네자. 그래서 나는 글을 쓰기 시작했다. 효에 관한 수필을, 할머니와 증조할머니의 손길을 기억하는 글을. 또 강단에서 목소리를 내기 시작했다. 내 지난 실패와 늦음을 숨기지 않고, 오히려 누군가의 길잡이로 삼고자 했다.

이제 칠순을 넘긴 나는 '효와 행복연구소장'의 이름으로 사람들을 만난다. 강의실에서 중년의 한 남성이 눈시울을 붉히며 악수를 청한다.

"선생님, 오늘 강의는 정말 감동이었습니다. 부모님께 전화를 꼭 드려야겠다는 생각이 듭니다."

그 말을 들으며 나는 마음속으로 속삭인다.

'할머니, 오늘도 누군가의 마음을 데웠습니다. 된장 끓는 냄새처럼 오래 남을 따뜻함으로요.'

강의가 끝난 밤, 책상에 앉아 나는 짧은 시 한 편을 적었다.

봄은 때가 와서 오는 게 아니다.
마음이 열릴 때 비로소 온다.

바람을 거슬러 걷던 지난날
오늘은 누군가의 삶을 덥히는 길이 된다.

된장 끓는 냄새처럼
오래 머물고, 오래 기억되는
따뜻함 하나 남기고 싶다.

9.

마음에 남은 편지

할머니,

오늘도 책상 앞에 앉아 펜을 듭니다. 몇 번이고 편지를 써보려 하지만, 첫 줄을 적기도 전에 마음이 저릿해집니다. 당신이 세상을 떠난 지 수십 년이 지났건만, 제 마음은 여전히 어린 손자였을 때 그 자리에 머물러 있습니다.

창가에 앉아 눈을 감으면, 오래된 향기가 불현듯 스며듭니다. 새벽마다 부엌에서 들리던 된장 풀던 소리, 마루 끝을 가득 메우던 구수한 냄새, 그리고 그 냄새 속에 섞여 있던 당신의 한숨과 노래. 그 향기는 단순한 음식의 냄새가 아니었습니다. 가족을 위해 흘리신 땀, 묵묵히 쌓아 올린 세월의 정성, 그리고 한 생애의 사랑이 그 냄새 속에 배어 있었습니다.

그 시절 저는 너무도 무심했습니다. 공부한다는 이유로, 바쁘다는 핑계로, 당신의 안부조차 제대로 묻지 않았습니다. 효도는 시간이 많을 줄 알았지만, 기회는 너무 짧았습니다. 당신이 병드셨을 때조차, 전화를 걸까 망설이다가 끝내 걸지 못했던 그날이 아직도 마음을 짓눌러 옵니다.

이제야 알겠습니다. 당신의 거칠고 작던 손길이 제 삶을 지탱해 준 가장 큰 힘이었다는 것을. 머리를 쓰다듬어 주시던 그 손에는 기도와 사랑이 묻어 있었습니다. 어린 시절, 무릎을 베고 누워 밤하늘을 바라보던 어느 여름밤이 떠오릅니다.

"할머니, 저 별 중 하나가 할머니 별이에요?"

그때 당신은 웃으며 말씀하셨지요.

"아니란다, 내 별은 네 마음속에 있지. 네가 좋은 사람이 되면 그 별은 더 밝아질 거야."

그때는 몰랐습니다. 그러나 이제는 압니다. 그 별빛 같은 사랑이 지금도 제 삶을 비추고 있다는 것을. 그래서 저는 오늘도 그 별 아래서 글을 쓰고, 사람들에게 효와 사랑을 이야기합니다. 제가 강단에서 '부모를 먼저 기억하라'고 말할 수 있는 것도, 모두 당신이 제게 심어주신 뿌리 덕분입니다.

할머니,

그곳에서도 된장을 담그고 계시겠지요. 그 구수한 향기가 제 삶을 일깨워 주곤 합니다. 그 향기를 떠올릴 때면, 저는 누군가의 등을 조용히 두드리고 싶어집니다. 제가 받은 사랑을 또 다른 이에게 전하는 것, 그것이 지금 제가 할 수 있는 가장 큰 효도라 믿습니다.

이제 제 삶의 과제는 분명합니다.

당신이 보여주신 '마음의 기술'을 이어가는 일. 밥 한 그릇에서 조상의 땀을 읽고, 짧은 인사 속에서 감사의 마음을 새기는 일. 효란 거창한 것이 아니라, 일상 속에서 사랑을 되새기고 감사하는 일이라는 것을 이제야 알게 되었습니다.

언젠가 다시 뵙는 날이 오면, 제가 직접 된장국을 끓여 드리겠습니다. 그날은 비로소 제가 효도하는 손이 되는 날이겠지요. 그때 당신은 환한 미소로 저를 맞아 주실 겁니다.

부디 그곳에서는 평안하시길 바랍니다.

이 편지를 바람에 실어 하늘로 띄웁니다. 사랑과 그리움, 그리고 감사가 함께 담긴 이 글이 부디 당신께 닿기를 바라며—

10.

거친 손, 마음의 기술

세월이 깊어질수록 사람은 자주 뒤를 돌아본다. 젊을 때는 오직 앞만 보며 달렸지만, 이제는 발자국 하나에도 오래 머문다. 그럴 때마다 나는 묻는다.

"나는 무엇을 남겼는가."

나는 평생 글과 말을 다루며 살아왔다. 손끝으로 무언가를 만들어내는 재주와는 거리가 멀었다. 늘 그 점이 마음 한편의 빈자리로 남았다. 그러나 그 공허를 오래 들여다볼수록, 한 장면이 선명히 떠오른다.

한여름 마루 끝, 낡은 쌀자루를 기우시던 할머니의 뒷모습. 그 손등 위로 깊게 새겨진 주름들이 강물처럼 흘러내리고 있었다. 그 손은 단 한 번도 곱지 않았지만 나를 씻기고, 먹이고,

덮어주던 손이었다.

삶의 무게를 다 이고도 끝내 사랑을 풀어내던 그 손. 나는 이제야 안다. 그것이 세상의 어떤 기술보다도 숭고한 마음의 기술이었다는 것을.

세월이 흘러, 내가 암 수술을 받던 날의 기억이 다시 떠오른다. 수술대 위의 차가운 공기 속에서 할머니의 손이 꿈결처럼 다가왔다. 거칠고 작은 손이었지만, 그 손길이 배 위를 천천히 쓰다듬을 때 나는 세상에서 가장 따뜻한 위로를 느꼈다.

살아계실 땐 몰랐다. 그 손의 상처가 곧 사랑의 기록이었다는 것을. 그날 이후 나는 깨달았다. '부드러움'이란 단어는, 결국 그분의 손에서 비롯된 것임을.

그리고 그 곁에는 늘 증조할머니가 계셨다. 작은 체구에 허리 굽은 몸으로 새벽마다 장독대 앞에서 된장을 젓던 그분의 손. 햇살이 막 비칠 때면, 그 손끝에서 된장의 냄새와 함께 기도 같은 숨결이 흘러나왔다.

어린 나는 몰랐다. 그 두 겹의 손길이 내 삶을 떠받치는 울타리였음을. 이제야 안다. 한 분의 손은 강물처럼 깊었고, 다른 한 분의 손은 샘물처럼 조용히 솟아 내 마음을 적셔주었다는 것을.

사람은 젊을 때는 미래에 살고, 늙어서는 과거에 산다고 했다. 나도 이제 그 말을 이해한다. 그리움은 시간이 지날수록 더 또렷해진다. 당연했던 손길이 사라지고 나서야 그 손이 내 삶의 뿌리였음을 깨닫는다.

나는 눈에 띄는 기술 하나 없지만, 두 분이 남겨주신 마음의 기술만은 내가 가진 가장 귀한 유산이다. 그 기술은 삶의 어두운 길에서도 나를 붙잡아주고, 오늘을 감사히 살게 한다.

이제 내 삶의 숙제는 분명하다. 그 손길에서 배운 사랑의 기술을 다음 세대에 건네는 일. 밥 한 그릇에서 조상의 땀을 읽게 하고, 낙엽 밟는 소리 속에서 뿌리를 떠올리게 하는 일. 효란 거창한 것이 아니다. 그저 마음을 다해 돌아보고, 감사하는 일이다.

거칠고 까칠했으나 세상에서 가장 따뜻했던 두 쌍의 손. 그 손들이 내 삶을 빚고, 그 손들의 기억이 내 마음을 빛낸다.

이제 나는 글로써 그 손의 온기를 전하고 싶다. 누군가의 삶에 작게나마 온기를 더하는 일, 그것이 내가 배운 마지막 기술이자 인생의 완성이라 믿는다.

Ⅳ부

눈빛으로 이어진 마지막 사랑

11.

눈길로 이어진 사랑

어릴 적, 잠결에도 느낄 수 있던 것이 있었다. 방 안이 고요해지고 숨결이 잦아들면, 어김없이 다가오는 한 기척이 있었다. 그것은 다름 아닌 할머니의 눈길이었다. 어두운 방에서도, 나는 그 눈길이 내 얼굴을 덮어주듯 감싸는 것을 알았다. 손길도, 말도 필요 없었다. 그저 오래도록 들여다보시는 그 눈빛 하나만으로 나는 안심했고, 이불보다 포근하게 잠들 수 있었다.

그때는 몰랐다. 고단한 하루 끝에, 왜 잠든 손자의 얼굴을 오래 바라보셨는지. 나는 그저 이불 속에 파묻혀 사랑받는 아이가 된 기분만 누렸다. 그러나 세월이 흐르고 돌아보니, 그 몇 분의 눈길이 할머니의 하루를 지탱해 준 기도였음을 알겠다. 힘든 일과 근심 속에서도 마음을 씻어내던 시간이었고, 나를 키운 가장 깊은 사랑이었다.

스무 살 무렵, 서울로 홀로 올라와 좁은 방에 누웠던 어느 날 밤. 도시의 공기는 차갑고 방은 적막했지만, 문득 떠오른 것은 손길도 목소리도 아닌 '그 눈빛'이었다. 잠든 나를 오래 지켜보던 시선. 나는 그 눈빛이 여전히 나를 감싸고 있다는 사실을 그제야 깨달았다.

그때 할머니는 무엇을 보고 계셨을까. 내 얼굴 위에서 무슨 소망을 읽으셨을까. 그 물음은 답을 알 수 없지만, 분명한 것은 그 눈빛이 지금까지 내 삶을 떠받치고 있다는 것이다.

그러나 마음 한구석엔 늘 아쉬움이 남는다. 할머니께 단 한 번도 "고맙습니다."라는 말을 하지 못했다는 것. 잠든 얼굴을 들여다보던 그 사랑을, 나는 너무 늦게야 알아본 것이다.

그래서 때때로 거울 속 내 얼굴을 마주할 때, 나는 그 눈빛을 다시 떠올린다. 마치 여전히 할머니가 내 곁에 계셔 나를 지켜보는 듯한 착각 속에서, 나는 위로를 받는다.

이제는 내가 그 눈길이 되었다. 손자가 잠든 방에 들어서면, 나는 무심코 오래 바라보게 된다. 땀방울이 맺힌 이마를 닦아주고, 작은 숨소리를 확인하며, 마음속으로 기도한다. '이 아이,

어디 아픈 데 없기를. 좋은 꿈을 꾸기를.' 그 순간 나는 안다. 내가 하는 이 행동이 단순한 확인이 아니라, 오래전 할머니가 내게 건네셨던 그 눈빛의 전승이라는 것을.

사랑은 말로 배우는 것이 아니었다. 눈으로 전해지고, 눈으로 기억되며, 눈으로 물려받는다. 지금 내가 손자를 들여다보는 이 눈길 속에는, 오래전 내 얼굴을 감싸주던 할머니의 눈빛이 살아 있다.

나는 다짐한다. 언젠가 다시 그 눈길을 마주할 수 있다면, 이번엔 피하지 않고 고백하리라.

"할머니, 그 눈길이 제 인생을 키웠습니다.
이제는 제가 당신을 바라보겠습니다."

12.

그 길 위에서 배운 사랑

할머니가 어느 날 조용히 말씀하셨다.

"영기야, 내가 시집와서 처음 살던 그 집… 한번 가보고 싶다."

나는 그 말을 단순한 추억의 소환쯤으로 여겼다. 그래서 대수롭지 않게 따라나섰다. 그러나 그 길은 단순한 산책이 아니었다. 지팡이에 의지해 몇 걸음마다 숨을 고르시고, 돌담 앞에 서서는 손끝으로 낡은 벽을 더듬으셨다.

"여기가 마당이었지……."

작은 중얼거림 속에서, 그분은 자신의 인생을 하나씩 되짚고 계셨다. 그때 나는 몰랐다. 그 걸음이 마지막 인사의 시간이었음을.

세월이 흘러 돌아보니, 그날의 장면이 무겁게 다가왔다. 할머니는 돌아가시기 전, 삶을 정리하는 듯 그 집을 바라보셨다. 나는 그저 '좋은 산책'이라고만 생각했다. 돌담 앞에서 한참을 서 계시던 눈빛, 돌아서며 미소 지으시던 입가, 그 모든 것이 작별이었는데도 나는 알아채지 못했다.

왜 그때 조금 더 살펴드리지 못했을까. 왜 편히 모시려는 마음을 갖지 못했을까. 그 후회가 지금까지 내 발걸음을 무겁게 한다.

세월이 흘러 나는 어느새 부모를 부축하는 나이가 되었다. 노모의 손을 잡고 걷는 길에서, 예전 할머니의 걸음이 떠올랐다. 조금만 경사진 길에도 숨을 고르시는 모습을 보며, 그 길이 단순한 이동이 아니라 삶의 마지막 장면일 수도 있다는 사실을 절감했다.

그래서 나는 주저하지 않았다. 어머니가 "한번 가보고 싶다." 하시면 곧바로 차를 부르고, 곁에서 천천히 걸음을 맞추었다. 늦게 배운 사랑이지만, 이제는 후회를 남기지 않으려 노력했다.

사랑은 거창한 것이 아니었다. 그저 곁에 서서 함께 걷는 것, 그것만으로 충분했다. 할머니의 마지막 길을 놓쳤던 내 무지를, 이제는 다른 이의 길을 함께 걸으며 조금이나마 메우고 싶다. 기다림 속에서, 동행 속에서, 사랑은 가장 깊이 드러난다는 것을 나는 뒤늦게 깨달았다.

나는 다짐한다. 언젠가 다시 할머니를 만나게 된다면 꼭 말씀드리리라.

"할머니, 그날의 길이 마지막인 줄 몰라서 죄송했습니다. 그러나 이제는 제가 누군가의 마지막 길을 함께 걷고 있습니다. 이번에는 제가 당신의 손을 붙들겠습니다."

13.

마지막 방, 남겨진 온기

고모의 전화를 받고 서둘러 기차에 올랐다. 연둣빛이 퍼지던 5월의 저녁, 전화기 너머로 들려온 고모의 떨리는 목소리는 단 몇 마디로 내 세상을 조용히 무너뜨렸다.

"영기야, 할머니…… 오늘 새벽에……."

네 시간 반을 달려 마침내 할머니 댁에 도착했다.

방문을 여는 순간, 익숙했던 할머니의 냄새가 코끝을 스쳤다. 그러나 그 향기는 예전처럼 나를 안아주지 않았다.

남의 집 작은 두 칸 방, 그곳에서 할머니는 흰 천에 덮인 채 조용히 누워 계셨다. 평생 머물 방 하나 갖지 못했던 분이, 마지막 자리마저 남의 집 한편의 방이었다.

"할머니……."

나는 무릎을 꿇고 그 손을 붙들었다. 할머니의 손은 가늘고, 단단하고, 마치 뿌리째 말라버린 나뭇가지 같았다. 한때 나를 안아주던 손. 따뜻한 밥을 지어주시고, 헝겊 이불을 꿰매던 손. 이제는 아무 힘도 남아 있지 않았다.

눈물은 나오지 않았다. 대신 머릿속이 멍해졌다. '보고 싶다'는 말 한마디 남기지 못하고 떠나신 것만 같았다. 아니, 남기셨을지도 모른다. 그저 내가 듣지 못했을 뿐이다.

할머니가 마지막을 맞이한 방은 작고 어두웠다. 창호지 문틈으로 스며든 빛은 겨우 한 줌이었다. 방 한구석에는 작은 손거울과 낡은 머리빗, 하얀 고무신 한 켤레가 가지런히 놓여 있었다. 그 옆에는 누렇게 바랜 광목천에 싼 옷가지 몇 벌이 있었는데, 그것이 할머니가 남기고 간 모든 것이었다.

나는 방 안을 천천히 둘러보았다.
구석에 놓인 손바느질 이불 한 채. 매듭은 크고 울퉁불퉁했지만, 그마저도 정성이 고스란히 느껴졌다. "할머니께서 이불 꿰매느라 밤새셨다." 하셨던 어릴 적 어머니의 말이 떠올랐다.

그때 나는 몰랐다. 그 손길이 얼마나 깊은 사랑이었는지를.

"살아서도 없애는 게 없고, 죽어서도 챙기실 게 없네."

고모의 말에 어머니가 고개를 돌리며 울었다.

나는 말없이 벽에 기대섰다. 그제야 등 뒤 벽지 한쪽이 반쯤 뜯겨 있는 것이 눈에 들어왔다. 그 안쪽에 무언가 종잇조각이 비죽 나와 있었다. 살며시 꺼내보니 할머니의 삐뚤삐뚤한 글씨가 담긴 메모였다.

"영기야, 잘 지내니. 보고 싶다. 얼굴 한 번만 보면, 그것으로 됐다."

가슴이 무너졌다. 이 편지를 언제 쓰셨을까. 내가 너무 멀리 있었던 것일까. 아니면, 너무 늦게 온 것일까.

장례는 조용히 치러졌다. 봄바람이 산등성이를 타고 내려와 할머니의 영정 앞에 잠시 머물렀다. 흙으로 덮인 작은 봉분 앞에서 나는 깊이 절을 했다. 그리고 혼잣말처럼 중얼거렸다.

"할머니, 죄송해요. 너무 늦었어요……."

그날 밤, 나는 잠들지 못했다. 서울로 돌아와 텅 빈 책상 앞에 앉아 할머니의 편지를 다시 펼쳤다. 편지 끝에는 작게 적힌 글귀가 있었다.

“영기야, 나중엔 너도 누군가를 위해 손을 써야 한다. 사랑은 손에서 시작한단다.”

그 문장을 보는 순간, 가슴 속에서 무언가 툭 하고 떨어졌다.

그날 이후 나는 작은 행동부터 바꾸기 시작했다. 손자의 이름을 천천히 불러주고, 어른들께 자주 전화를 드리며, 밥상을 한 번 더 챙겨드렸다.

나는 알게 되었다. 할머니의 삶은 크고 특별한 것이 아니었다. 그저, 아무도 보지 않는 곳에서 손으로 삶을 일구어낸 조용한 사랑이었다는 것을. 그리고 지금, 나도 그 사랑을 닮아간다. 누군가에게 작은 손길이 되기 위해.

할머니가 계시던 그 방, 그 마지막 자리에서 나는 처음으로 삶의 진짜 온도를 배웠다. 그 온도는 말이 아니라, 손에서 전해지는 것이었다.

14.

잃어버린 행복의 자리

어린 시절, 나에게 가장 큰 행복은 할머니와 함께 보낸 시간이었다. 할머니의 따뜻한 품에 안겨 들었던 옛이야기들, 매일 아침 정성껏 차려주셨던 밥, 그리고 고요한 마을을 함께 거닐던 그 순간들이 아직도 생생하게 마음속에 남아 있다.

할머니는 언제나 말없이 나를 돌봐주셨고, 어린 나는 그 사랑을 너무나 당연하게 여겼다. 마치 공기처럼, 햇살처럼 늘 그 자리에 있을 것이라 믿었다. 하지만 지금 돌이켜 보면, 나는 그 소중한 사랑을 얼마나 무심하게 흘려보냈는지 깨닫게 된다.

할머니가 떠나신 후, 고향을 찾을 때마다 그곳에는 더 이상 온기가 없었다. 할머니의 빈자리는 단순한 슬픔을 넘어, 내 삶의 한 부분을 도려낸 듯 깊은 공허함을 남겼다. 시간이 흐를수록 그 빈자리는 채워지기는커녕 점점 더 커져만 갔다.

사랑하는 이가 떠난 자리에 아무리 물질적인 풍요를 채워 넣어도, 그 공허함은 사라지지 않았다. 큰 집에서 살고, 맛있는 음식을 먹고, 좋은 옷을 입어도 여전히 외롭고 허전했다. 그때서야 나는 깨달았다. 어린 시절 할머니와 함께했던 소박한 일상이야말로 진정한 행복이었음을.

내가 어릴 때의 할머니의 집은 사계절의 아름다움으로 가득한 곳이었다. 집 앞으로는 섬진강이 고요히 흐르고, 뒤로는 지리산이 든든하게 자리하고 있었다.

봄이 오면 개나리와 목련이 울타리 너머로 고개를 내밀고, 종달새 소리가 마을 전체에 울려 퍼졌다. 여름에는 밭에서 딴 딸기, 참외, 수박으로 더위를 식혔다. 가을에는 황금빛 들판을 보며 무와 배추, 고구마와 밤을 수확했다. 겨울에는 조용히 눈이 덮인 집에서 할머니와 화로에 고구마를 구워 먹으며 이야기를 나누었다.

그 모든 풍경은 이제 추억 속에만 남아 있지만, 여전히 내 마음속에서 선명하게 살아 숨 쉰다.

삶은 마치 꽃과 같아서, 저마다 피는 시기가 다르다. 아침에 피는 호박꽃과 나팔꽃이 있고, 저녁에 피는 박꽃과 달맞이꽃이 있다. 나는 어쩌면 늦게 피어난 꽃인지도 모른다. 하지만 늦게 피어난 만큼 더 열심히 살아가고 싶다.

할머니께서 내게 주셨던 무한한 사랑을 잊지 않고, 그 사랑을 다른 이들에게도 나누며 살고 싶다. 남은 시간 동안 따뜻한 기억과 깨달음을 나누며 삶의 진정한 의미를 찾아갈 것이다.

누구나 마음속에 소중한 기억을 품고 있다면, 그것은 곧 그 사람의 삶을 비추는 등불이 된다. 나에게는 할머니와의 기억이 바로 그런 등불이다. 그 기억은 힘들 때마다 나를 지탱해 주고, 외로울 때마다 따뜻하게 위로해 준다.

결국 우리의 공허함을 채워주는 것은 물질이 아니라, 추억 속에 담긴 사랑이며, 그 사랑만이 우리를 다시 일으켜 세우는 힘이 된다. 할머니의 부재는 내게 큰 깨달음을 주었다. 진정한 행복의 자리는 물질이 아닌 사랑에 있었음을, 그리고 그 사랑은 사라진 것이 아니라 내 마음속에 영원히 살아 숨 쉰다는 것을.